KB200398

더 이상 내려갈 곳이 없었다

바 닥 에 서 쉴 만 한 물 가 로

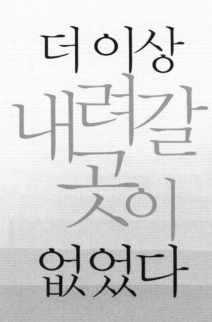

더 이상
내려갈
곳이
없었다

홍민기

규장

사망의 골짜기를 통과한 자의 노래

갑작스런 교회 사임 발표 후 4년 동안 쉽지 않은 기간을 보냈던 홍민기 목사님이 그 사망의 깊은 골짜기를 지나온 고백을 이 책에 담아내었다.

"여호와는 나의 목자시니 내게 부족함이 없으리로다"

시편 23편 1절 말씀이 정말인지, 말할 수 없이 고통스런 과정을 지난 후, "그렇다"고 선언한다.

실제로 극심한 고통의 시간을 겪었기에 그의 고백이 진실하게 마음에 와닿는다.

책 곳곳에 좌절과 절망의 순간, 기도굴에서 받은 은혜와 회복에 대한 고백이 있다. 그가 처음 기도굴에 들어갔던 것은 믿음이 좋아서라기보다는 전적인 하나님의 강권함이었다. 그렇게 시작한 기도는 고통과 아픔에서 오는 외침이었고 원망 가득한 분노 섞인 외침이었다.

그때 하나님께서 목사님의 입술에 넣어주신 말씀이 "여호와는 나의 목자시니 내게 부족함이 없습니다"였다.

어떤 탄식과 질문에 대하여도 하나님의 응답은 한결같이 "내가 너의 목자야. 괜찮아, 내가 너와 함께하잖아" 였다고 한다.

그 후 놀랍게도 전 세계 선교사들을 찾아다니며 위로의 사역을 했다. 힘들고 어려운 곳에서 외롭게 사역하는 선교사들을 찾아 위로하다가 목사님 자신이 위로를 경험하였다.

"하나님이 우리의 목자 되심을 다시 한번 느끼면서,

우리를 만나게 하신 목자를 찬양하면서.

동남아를 시작으로, 부름이 있으면 세계 곳곳의

선교지 사역으로 달려갔다."

그렇게 위로하고 위로받았다.

이 책은 우리에게 '지금 이 시간'에 부족함이 없다고 고백할 수 있는지를 묻고 있다. "이 문제만 해결되면"이 아니고 "이 기도만 들어주시면"이 아니라, "지금 여호와께서 나의 목자시니 지금 이 시간! 나는 부족함이 없다"라고 고백할 수 있느냐는 것이다.

저자는 기도굴에서 우리에게 푸른 풀밭과 쉴만한 물가는 하나님임을 깨달았다고 한다. 그러므로 아무리 광야 같은 인생에도 푸른 풀밭과 쉴만한 물가는 존재하는 것이다. 이 것을 다른 사람의 간증으로 듣지 말고 자신의 인생 고백이 되게 해야 한다.

그는 기도가 되든 안 되든 기도굴에서 지냈다. 그것이 그의 고통과 좌절에서 탈출하는 방법이었다.

아무 소리도 들리지 않는 광야에서 조용히 한 시간 정도 앉아 있으면 그때부터 그전에 들리지 않았던 소리들이 들리기 시작하였다고 한다.

그렇다고 기도굴에서 하나님으로부터 상황을 변화시켜주실 것이라는 구체적인 말씀을 들은 것은 아니었다.
"상황 보지 마라. 나를 봐라."
그것이 응답이었다.
그런데 기도하면 할수록 저자 자신이 변화되었다. 분노가 사라져갔고 억울함이 눈 녹듯 사라졌고 하나님만 보였다. 더 이상 아무것도 중요하지 않아졌다.

그렇게 저자는 새로운 교회 공동체 사역을 시작하게 되었다. 예배에 목숨 걸고, 비본질에 에너지를 낭비하지 않고, 건물을 소유하지 않는 교회를 시작한 것이다.

예수 그리스도만 주인 되시는 교회가 현재 서울, 부산, 그리고 미국 댈러스에서 열심히 모이고 있다.

고통과 어려움 속에서 하나님을 갈망하는 이들에게 이 책을 추천한다.

　"고통과 어려움은 매일 새롭게 다가온다. 하지만 괜찮다. 여호와는 나의 목자시니 내게 부족함이 없으리로다. 진짜로…."

유기성 목사 선한목자교회 담임

더 이상 내려갈 곳이 없는 광야에 있다면

하나님께 크게 그리고 귀히 쓰임을 받은 사람들의 공통점이 있다.
그것은 광야 체험이다.
광야는 더 이상 내려갈 곳이 없는 극한의 바닥이다.
거기는 누구의 도움도 닿을 수 없는 곳이다.

광야를 히브리어로 '미드바르'라고 한다.
'미드바르'는 말씀이 있는 곳이라는 뜻이란다.
세상의 모든 소리가 다 끊긴 광야에서
우리는 하나님밖에는 바라볼 곳이 없다.
하나님만 바라보다
하나님의 말씀을 듣고 깨닫게 된다.

늘 승승장구하는 것만 같던 홍 목사가 광야로 내던져졌
었다.
그의 표현, "더 이상 내려갈 곳이 없었다"라는 말 속에서
광야로 던져진 그의 상황을 짐작해볼 수 있다.

거기서 그는 평생 설교하던 하나님을 실존으로 만났다.
말씀을 만났다.
시편 23편을 만났다.
"부족함이 없으리로다."

'더 이상 내려갈 곳이 없는 곳'에서 만난 하나님의 말씀,
"부족함이 없으리로다"

홍 목사는 둘로 나눌 수 있다.
광야 이전의 홍 목사와 그 이후의 홍 목사

그가 기대된다.

하나님이 어디까지 쓰시려고 그 무서운 풀무불을 지나게
하셨을까?

그의 간증을 통해,
아직도 '더 이상 내려갈 곳이 없는 곳'에 있는 사람들이
홍 목사처럼 "부족함이 없으리로다"라는 말씀을
만날 수 있기를 기대하며 추천한다.

김동호 목사 높은뜻연합선교회 대표

절망과 시련 중에 만나는 하나님의 실존

목회를 하면서 수많은 추천사를 써 왔지만 이번 홍민기 목사님의 책에 대한 추천사는 제게는 남다른 일입니다. 이 책은 죽음 같은 골짜기에서 일으킴을 받은 한 젊은 목사님의 처절한 몸부림으로 쓴 책이기 때문입니다.

절망과 칠흑 같은 자리에서 꾸역꾸역 부어주시는 하나님의 은혜를 진솔한 필체와 고백에 담아 하나님의 실존을 오롯이 드러낸 책이기도 합니다.

홍민기 목사를 안 지 오랜 시간이 흘렀습니다.

홍 목사님은 미국에서 청소년 시절을 지낸 1.5세의 특이한 배경을 가지고 있습니다. 이민 목회자의 아들로 태어나 누구나 겪는 거친 시간의 십대 시절을 보냈습니다.

그 후 목회자로 부름을 받고 불현듯 한국의 청소년들을

섬기고 목회를 배우고자 아내와 어린 두 아들을 데리고 무작정 비행기에 올랐습니다. 그리고 그렇게 '강남교회'라는 목양지에서 저와의 만남이 이루어졌습니다.

그를 보는 순간 한눈에 '신앙의 동지'인 것을 알았습니다. 타고난 친화력과 유머 그리고 거칠 것 없는 성격. 무엇보다도 하나님을 사랑했습니다. 그리고 사람을 너무도 좋아하는 목회자였습니다. 청소년에게는 목숨을 걸 만큼 애정도 많았고 은사도 탁월했습니다.

　꿈꾸고 계획하는 일마다 다 잘되었습니다. 그만큼의 열정을 쏟아냈습니다. 그리고 드디어 40대 초반에 대형교회의 목사로, 한 교회의 책임을 맡은 목회자로 부름받았습니다.

그러나 인생을 등반으로 치면 일직선으로 정상을 향하는 등반은 없습니다. 끊임없이 오르락내리락하면서 가장 높은 정상을 향하는 법입니다.

홍 목사님에게 닥쳤던 시련은 더 높은, 그리고 더 나은 하나님의 산을 향하여 오르게 하시는 〈하나님의 발 구르기〉입니다. 하나님은 그때 홍민기를 등에 업고 발을 구르고 계셨습니다.

견뎌내고 이겨내는 과정을 곁에서 지켜보아왔습니다. 이번 책은 그 과정에서 그가 시편 23편을 통해서 체득한 고백이기에 더욱 눈물이 납니다.

그 과정을 통과하며 홍 목사님으로 하여금 하나님께서 동행하시는 것을 고백하게 하신 귀한 고백이기에, 지독한 절망과 시련에 있는 성도들에게 이 책이 가슴만으로나 이론으로가 아니고 하나님의 실존을 만나게 하는 귀한 글이 될 것이라 믿어 의심치 않습니다.

한 목회자의 고백과 삶을 녹여낸 규장의 헌신에도 감사를 표합니다.
　이 땅의 그리스도인들에게는 물론이고 비신앙인들에게도 일독을 권합니다.

2019년 11월의 마지막 날에 청파동에서

삼일교회 섬김이 송태근 목사

바닥에서 다시 읽은 시편 23편

2015년, 열심히 사역한 교회를 내려놓았다.
규모가 꽤 큰 교회여서 청빙 받을 때부터 주위에서 관심이
많았다.
교회 사임 후 엄청난 고통과 아픔의 시간을 보냈다.
가까운 사람들에게 배신을 당하고,
나의 뒤에는 조롱과 무서운 공격들이 있었다.
그래서 정신적으로 영적으로 바닥을 쳤다.
더 이상 내려갈 곳이 없었다.

목사가 바닥을 치면 갈 곳은 기도원밖에 없다.
그래서 기도원을 갔다.
너무 바쁘다가 갑자기 시간이 많아지니까
더욱 어딘가를 가고 싶었다.
금식기도원에 기도굴을 찾아 들어갔다.

기도굴에 갔다고 갑자기 은혜받고 깊은 기도로 들어갈 수가 있겠는가마는, 그래도 기도굴이니 기도하기 시작했다. 기도가 아니고 분통 터지는 마음을 알리는 시간이라 해야 하겠다.

기도가 잘 될 일이 없다.
그냥 너무 억울해서 분통이 터져서 외치기 시작했다.
"이게 뭡니까?"
새롭게 교회를 찾아온 수많은 젊은이와 초신자들을 생각하며 가슴이 미어졌다.
그리고 막막했다.
처음으로 막막했다.

하나님께서 나에게 물으셨다.

"힘드냐? 억울하냐? 아깝냐?"
"너 나를 따르는 것 아니었냐?"

그런 말씀을 주시면 나는 그냥 그 자리를 박차고 보따리 싸서 다시 집으로 왔다. 더 이상 말하고 싶지 않았고 사실 은혜 속에 들어가고 싶지도 않았다.

집으로 와서 그냥 시간을 보내고 그러다 또 기도원을 갔다. 뭔가 그곳으로 부르시는 느낌이 강했다. 기도를 열심히 하는 것도 아닌데 그 자리에 돌아가게 되었다.

대학교 1학년 2학기부터 전도사를 시작하여
미국에서 전도사 때부터 부흥강사로 미국 전역을 다니고
하루도 쉬지 않고 달려왔다.

20대 중반에 브리지임팩트 사역원을 시작하여

지금까지 왕성하게 사역해왔고

미국과 한국에 교회를 개척하고

항상 최연소라는 타이틀이 함께했다.

그리고 마흔 살에 교단에서 가장 큰 교회에

담임목사로 부임했다.

가난하게 자랐지만 부모님의 큰 사랑을 받아

부족함을 느끼지 못했고

원하는 사역을 모두 했다.

그저 하면 된다고 생각했다.

그런데 나는 지금 기도굴에 있다.

속이 시커멓게 타 버린 상태로.

기도가 나오지 않는 낙심의 상태로.

더 이상 내려갈 곳이 없는 절망으로.

큰 교회에 있을 때 그렇게 잘해주던
형님 목사님들이 사라졌다.
연락을 자주 하던 목사님들은
오히려 뒤에서 욕을 하는 적군으로 변하였다.

기도굴에서 생각했다.
이게 다 뭐지?

모든 것이 내 손을 떠났을 때,
가슴에는 응어리와 아픔이 가득할 때
나는 마음껏 아프다고 할 수도 없었다.

기도굴을 찾았다.
그리고 울분으로 기도하며 하나님을 원망했다.

바닥에서 시편을 다시 보게 하시다

그러던 중, 어느 하루 기도굴의 시간 속에서 제대로 하나님께 잡혔다. 기도시간이 깊어지기 시작하더니 성령께서 강력하게 인도하시며 마음을 강하게 붙잡아주기 시작하셨다. 그리고 말씀하셨다.

"너 잘하는 것 해라.
 나만 믿고 선교지를 다녀라.
 그리고 위로해라."

위로는 내가 받아야 하는데
나에게 돌아다니며 위로를 하라고 하셨다.
사실 뭐가 뭔지 모르고 집으로 내려왔다.
그러나 서서히 기도가 살아나기 시작했고
주와 동행함이 깊어지고 기뻐지기 시작했다.

기도가 이어질 때마다
나에게 주시는 분명한 하나님의 메시지가 있었다.
그리고 그것을 입술로 고백하게 하셨다.
"여호와는 나의 목자시니 내게 부족함이 없으리로다."

아…
이건 뭐지…
나는 지금 가장 부족한 것이 많은데…
왜 이 말씀을 계속 입술로 고백하게 하시나.

기도를 하지 말자.
이거는 그냥 내가 날 위로하려고 하나 보다.
너무 힘드니까 별생각을 다 하나 보다.

그러나 기도굴의 시간부터 성령의 강한 인도하심으로 기도
시간에 임재를 경험하고 더욱 강한 고백을 하게 되었다.
"여호와는 나의 목자시니 내게 부족함이 없으리로다!"

시편 23편을 다시 묵상하고 공부하기 시작했다.
바닥에서 읽는 시편 23편은 강력했다.
믿음을 요구하셨다.
말로 하는 믿음 말고 살아있는 믿음을.

얼마 지나지 않아서 선교지 곳곳에서 부름이 있었다.
'선교지와 디아스포라를 위하여 살아야겠다.'
처음으로 교회 사역을 하지 않고
순회선교와 말씀전도자로만 살기 시작했다.
4년 동안 지구를 얼마나 많이 돌았는지 모른다.

"목사님 생활은 어떻게 하서요?"
"저도 잘 모르겠어요. 밥 먹고 잘 살아요. 제가 배고프면 하나님이 제일 힘드서요".
하나님이 우리를 사랑하서서 우리가 힘들고 배고프면 힘들어하신다. 그래서 때로는 배고픔을 허락하서도 잘 견뎌야 한다. 그것은 하나님의 뜻이 있는 시간이다.

괜찮았다, 진심으로.
여호와께서 나의 목자이심으로.

항상 설교했다.
하나님을 사랑하고 세상을 사랑하지 마라.
세상의 것에 마음 빼앗기지 마라.

하지만 교회를 사임하고 내가 생각하지 못한 일들을 경험하며 마음이 무너졌다. 하나님은 항상 내 옆에 계셨지만, 그 하나님을 향해 마음을 열지 못하고 분노와 억울함으로 무너져 내려갔다.

그때도 여호와는 나의 목자이셨고 나를 쉴만한 물가로 인도하셨다. 그 쉴만한 물가는 이 땅의 쉼과 편안함과는 거리가 먼 선교지였다.
선교지에서 만난 귀한 하나님의 사람들을 통해서 배웠다.
아무것도 없는 그곳에서 하나님을 예배하는 그분들을 통해 예배를 다시 세워갔다.

하나님께서 하나님의 살아계심을 보여주실 때마다
쉼을 얻었고
그분의 역사를 볼 때마다
푸른 풀밭의 영적 음식을 먹었다.

사망의 음침한 골짜기는
하나님과 동행함으로 극복될 뿐만 아니라
비로소, 고통까지도 축복이라는 고백으로 이어지게 된다.

나도 가르쳤었다.
함부로 그런 소리 하지 말라고.
남의 고통의 시간에 함부로 축복이라 말하지 말라고.

그러나 정말 축복이었다.
하나님께 민감하게 다가가고
그분의 임재하심을 사모하고 갈망하며
세상의 어떤 즐거움보다 주를 기뻐하며,
하나님께서 함께해주시니
골짜기가 음침하고 고통이 깊어도
그곳도 예배의 장이 되기 시작했다.

위로하시고 위로를 가르치시다

필리핀에서 사역하는 어느 목사님이 갑자기 연락하셨다. 비행기 표를 보냈으니 무조건 날아오라는 것이었다.

"예? 시간은 되지만 갑자기 왜 그러셔요?"

그냥 오라고 말씀하셨다.

정말 비행기 표가 곧 도착해서 나는 비행기에 몸을 실었다. 마닐라에 도착하니 두 분의 목사님이 나를 기다리고 계시다가 바로 팔라완으로 가자고 하셨다.

다시 비행기를 타고 팔라완에서 이르러서는 마중 나온 집사님의 차를 타고 5-6시간을 가서 엘니도 비치가 있는 작은 마을에 도착했다.

그리고 3일 동안 황홀하게 아름다운 바다에서 놀고 먹고 쉬었다. 나를 초대하신 목사님이 거의 모든 비용을 쓰셨다. 넉넉하지 않으신데 그리 섬겨주셨다.

아무것도 묻지 않으시고 그저 쉬라고, 잘 됐다고,
그리고 잘될 거라고….

예상하지 못한 시간이었다.
하나님께서 아름다운 자연을 통해
명확하게 말씀하시는 시간이었다.
그리고 섬김의 손길을 통해 회복하며,
위로받는 것이 무엇인지, 거저 섬기는 것이 무엇인지
배우는 시간이었다.

하나님께서 선교지에서 위로를 주시고 난 후
선교사님들에게서 연락이 오기 시작했다.
선교적 교회를 원하여 여러 지역의 선교에 노력했는데
이제 그 선교사님들이 자신의 선교지에 와서
강의도 하고 집회도 하자고 많이들 요청을 해오셨다.

선교사님들은 시간 있을 때 오라고 하시면서
앞다투어 초대해주셨다.

이거구나. 주께서 원하시는 것이.

하나님은 위로하라 하시고 나를 먼저 위로해주셨다.
그리고 위로는 어떻게 하는 것인지 알려주셨다.
거저 주고 아무것도 묻지 않고 편이 되어주는 것.
주께서 그리하라 하시는 명령을 듣는 것 같았다.

순종했다.

예정되어 있던 선교지도, 없던 선교지도
기쁜 마음으로 가면
항상 주께서 준비하신 역사들이 있었다.

그리고 나의 믿음도 온전하게 고쳐지고
생각과 마음에 주님의 손길이 임하셨다.

"여호와는 나의 목자시니 내게 부족함이 없으리로다"가
그리 쉬운 고백이 아니라는 것을 깨달았다.

우리가 쉽게 고백하는 신앙의 고백들이
얼마나 울리는 꽹과리가 되어
의미 없이 외쳐지고 있는지를 깊게 뉘우쳤다.
이 고백이 되어야 예수를 믿는 것이다.

여호와는 나의 목자시니
내게 부족함이 없으리로다,
지금 이 시간에.
어떤 문제가 해결된 후가 아니라 현재 이 시간에.

신앙고백은 쉽다.

그러나 고백대로 사는 것은 어렵다.

삶으로 이어지지 않는 고백은 가짜다.

우리의 신앙은 진짜인가?

새로운 고백이 있는 신앙 여정이기를

오늘의 주님이 어제와 또 다른 임재가 있기를

소망한다.

부족함이 없으리로다

홍민기

시편 23편

~

¹ 여호와는 나의 목자시니 내게 부족함이 없으리로다

² 그가 나를 푸른 풀밭에 누이시며 쉴만한 물가로 인도
하시는도다

³ 내 영혼을 소생시키시고 자기 이름을 위하여 의의 길로
인도하시는도다

⁴ 내가 사망의 음침한 골짜기로 다닐지라도 해를 두려워
하지 않을 것은 주께서 나와 함께하심이라 주의 지팡이
와 막대기가 나를 안위하시나이다

⁵ 주께서 내 원수의 목전에서 내게 상을 차려주시고 기름
을 내 머리에 부으셨으니 내 잔이 넘치나이다

⁶ 내 평생에 선하심과 인자하심이 반드시 나를 따르리니
내가 여호와의 집에 영원히 살리로다

목자되심

여호와는 나의 목자시니
내게 부족함이 없으리로다

정말인가?

"여호와는 나의 목자시니 내게 부족함이 없으리로다"라는
이 시편 23편 1절 말씀은 요한복음 3장 16절과 더불어 그
리스도인들이 가장 좋아하는 구절이다. 자주 사용하고 많
은 가정에 액자로 붙어 있다. 암송도 가장 많이 하는 구절
이다.

  그런데 이 말씀 후에 내 마음에 항상 다가오는 질문이
하나 있다. 그 질문 때문에 이 말씀이 쉽게만 다가오지 않
는다.

정말인가?

정말 부족함이 없는가?

여호와는 나의 목자시니
내게 부족함이 없으리로다 일까,
내게 부족함이 없게 해라 일까.

살다 보니 부족한 것이 여기에도 있고 저기에도 있지만 여호와는 나의 목자이시기 때문에 내게 부족함이 없다고 정말 고백하는 삶을 살고 있는가?
　부족함을 항상 느끼며 살아가면서 아무 생각 없이 이 말씀을 외우고 읊조린 것은 아닌가? 진정 부족함이 없다는 고백을 할 수 있는가?
　여호와는 나의 목자이시기 때문에 내가 이 세상으로 만족하지 않고 하나님으로 만족하고 하나님께 감사하며 살아갈 것이라고 고백하지만 정말 우리가 그런가?

부족함으로 가득한 기도
정말 그런 신앙생활을 하고 있다면 우리의 기도에는 달라는 것이 왜 그리 많은가? 부족함이 없다면 감사하다, 충분하다, 넘친다는 기도가 일어나야 하는 것 아닌가?

기도 안에 거의 달라, 이루어달라, 해달라는 제목들투성이다. 이거 달라, 저거 달라, 도와달라, 빨리 달라, 지금 달라, 반드시 달라, 안 주기만 해봐라….

물론 아바 아버지께 어떠한 내용도 말할 수 있다. 자녀가 아버지께 어떠한 내용도 말할 수 있듯이.

하지만 영적 기도의 제목들이 세상의 제목들로만 이루어질 수 있을까? 영적인 갈망함이 거의 없는 기도가 영적인 도움이 될 수 있을까?

우리는 기도한다. 열심히, 그것도 새벽마다.
그러나 그 기도 속에
그 열심과 열정이 세상을 향하고 있음을 알지 못한다.

우리의 기도 제목들은 대부분 이런 식이다.
"하나님, 이걸 이루어주시면 제가 이렇게 해드릴게요."
"하나님, 저에게 이거 주시면 제가 이렇게 드릴게요."

거의 다 무지막지하게, 전지전능하신 하나님과 딜을 한다.

"하나님, 왜 저런 사람한테 물질을 주세요? 저에게 줘보세요. 저한테 주시면 저는 하나님 앞에 다 드릴 텐데요."

나에게 물질을 주시면 다 주님께 드리겠다는 사람은 왜 달라는 것일까?

그것은 다시 돌려드릴 마음도 없지만, 돈을 가지고 폼 잡고 싶은 욕망 때문이다. 헌금도 많이 하면 폼 잡을 수 있기 때문이다.

기도란 하나님의 나라와 그의 의를 구하고 하나님의 뜻을 구하고 하나님께서 무엇을 원하시는지를 깨닫는 것이다. 그런데 우리는 내 생각을 하나님께 알려드려서 하나님의 생각이 바뀌어 하나님께서 내 생각대로 이루어주시기를 바란다.

어쩌면 우리는 시편 23편 1절을 이렇게 읽는다.

"여호와는 나의 목자시니 내게 부족함이 없게 해주세요."

여호와는 나의 목자시니까 전지전능하신 하나님께서 내게 부족함이 없게 해달라, 좋게 말할 때 알아서 잘 좀 하시라는 것이다. 나아가 오늘도 부족함이 없었으면 좋겠고 내일도 부족함이 없었으면 좋겠다는 것이다.

기도는 거룩한 일이다. 하지만 기도의 내용이 세상을 향하고 있다면 그 기도가 거룩한 일인가?

세상 사람들도 하나님께 기도하지 않아도 소망을 가지고 산다. 그 소망과 거의 일맥상통하는 기도의 내용이 우리의 삶에 변화를 가져다줄 수 있는가? 깊이 생각해본다. 사탄이 이런 기도를 두려워할까?

부족함과 공허함

부족함이라는 단어가 세상을 뒤덮고 있다. 부족한 것이 많으면 뒤떨어지고 실패한 인생처럼 느껴진다. 부족함을 채우기 위해 노력하고 애쓴다. 그러나 정작 노력을 통해 어떤 부분이 채워져도 계속되는 공허함은 어디서 오는 것인가?

이것만 채우면 조금 나을 줄 알았는데 공허함이 더 강하게 찾아오고 이것은 또 다른 채우기에 애쓰는 모습으로 발전된다. 악순환이다. 스펙을 쌓는다고 채워지지 않는다. 돈이 더 많아진다고 채워지지 않는다. 상황적 변화를 통해 채워지는 공허가 아니다.

파스칼의 말처럼 우리는 공허함을 채우기 위해 애쓰고 있는지도 모른다. 그 공허함을 세상의 것들로 채우고 입고 멋 내며 나의 빈 속을 가리려고 애쓴다.

얼마나 폼 잡고 살고 싶어 하는가. 우리에게는 이 세상에서 힘주면서 갑의 자리에서 살고 싶은 욕망이 있다.

그래서 이 땅의 것이 더 필요하고, 이 땅의 것을 더 원하니까 없으면 속이 상한다. 우리가 지닌 우리 인생의 모든 고민과 문제와 속상함은 대부분 이 세상 것이 조금 없어서 일어난 일들이다.

무엇 때문에 그렇게 속이 상하고 무엇 때문에 그렇게 눈물을 흘리는가? 세상 것이 내 마음대로 안 돼서 그런 것 아닌가? 영적인 능력의 부족으로 가슴 아파한 적이 있는가?

솔직히 얘기해서 우리는 영적인 것에 얼마나 갈급하고 얼마나 배고파할까. 우리가 과연 얼마큼이나 주의 것을 원하며 살아가고 있을까. 그것은 아무도 모른다. 하나님이 아신다. 그리고 우리도 조금만 솔직하게 자신을 들여다보면 알 것이다.

입으로는 "주를 갈망합니다, 찬양합니다, 주를 원합니다, 주 외에는 다 내려놓겠습니다" 고백하지만 정말 그런가? 우리는 주의 친절한 팔보다는 안락하고 좋은 이 세상의 집에서 살고 싶고, 사람들이 보고 "우와" 하고 놀라는 차를 몰고 싶고, 사람들에게 "아, 됐어. 내가 할게" 이런 거 하고 싶다.

이 땅에서 무엇인가 누리고 싶고, 그것이 안 될 때 가장 속상한 것이다. 주의 것이 안 돼서, 말씀의 은혜를 못 받아서, 기도가 안 돼서, 정말 영적 세계에 대한 갈망 때문에 가슴 아프고 눈물 흘리는 것이 아니라.

심지어 우리는 이렇게까지 기도한다.

"하나님, 어떻게 내가 영적인 것만 가지고 살 수 있겠습니까?"

"하나님 앞에서 이렇게 헌신했는데 내 자식을 이렇게 축복 안 해주면 내가 부끄러워서 교회 생활 어떻게 합니까."

그러니까 여호와는 나의 목자시니 내게 부족함이 없다는 이 다윗의 고백은 보통 사람의 고백은 아닌 것이다. 우리가 이렇게 고백하기가 쉽지 않은 것이다.

여호와가 나의 주인이신 삶을 살고 싶은가?
여호와가 목자라면 우리는 양이다.

양은 목자 없이 못 산다

양은 우리나라에서는 긍정적인 동물이다. "저 사람은 양 같은 사람이야" 하면 대개 착하고 온순한 사람을 의미한다. 그러나 팔레스타인에서 그 말은 욕이다.

사실 양은 미련한 동물이다. 양은 시력이 약해서 눈이 잘 안 보인다. 눈이 어두우면 귀라도 밝아야 하는데 청력도 약하다. 균형 감각이 없어서 네 발 가진 짐승 중 거의 유일하게, 넘어지면 자신의 힘으로 일어나지 못한다. 빠르지도 않고 오래 걷지도 못한다. 게다가 방향 감각이 거의 없고 자신을 보호할 제대로 된 뿔도 없다.

양은 자신의 힘으로 혼자서는 살아갈 수 없는 존재를 의미한다.

양은 자신의 힘으로 길을 찾을 수도 없어서 목자가 푸른 풀밭과 쉴만한 물가로 인도해주어야 먹고 살 수 있다. 그래서 목자의 인도를 따르지 않고 목자를 떠나면 죽는다.

왕이 되기 전까지 목동으로 살았던 다윗은 양의 그 미련함과 약함을 보고 '나는 양과 같아서 나의 힘으로 살아갈 수 없고 목자가 절대적으로 필요하구나'라는 것을 깊이 깨닫고 이것을 고백한 것이다.

그런데 성경은 우리가 양 같다고 한다.

우리는 다 양 같아서 그릇 행하여 각기 제 길로 갔거늘… 사 53:6

이 구절은 '오, 하나님은 나를 양같이 생각하시는구나' 이런 따뜻한 느낌을 주는 말씀이 아니라 우리가 다 양 같아서 각자 자기 길을 간다는 뜻이다. 다시 한번 양의 미련함을 기억하며 말씀을 읽어야 한다.

양이 다 부족한데 가진 것이 하나 있다. '소신'이다. 목자를 따라가야 사는데 소신껏 살고 싶어서 목자를 떠나 제 길을 가고자 한다. 그러나 그 길은 죽음이다.

　우리는 자기 힘으로 살며 자신의 길을 갈 수가 없다. 그래서 예수를 정말 믿게 되면 우리 안에 "내 인생 내 힘으로 살 수 없다. 내 인생은 하나님의 인도하심이 있어야 한다. 여호와가 나의 목자 되어주셔야 한다"라는 고백이 반드시 생긴다.

하나님을 믿는다는 것은 내가 내 삶의 주인 되어 내가 계획하고 독립적으로 살아가던 것을 그치고, 하나님이 내 삶의 주인이요 나의 목자가 되시게 하는 것이다.

　그래서 이제는 철저히 하나님을 의지하고 하나님을 붙잡고 하나님께서 인도하시는 대로 따르는 것이다. 그 길이

때로는 어렵고 고난이어도 "하나님은 모든 것을 아시는 나의 목자"이심을 믿고 하나님을 의지하며 자족하는 것이다.

우리는 목자가 아니다.
삶에서 내가 목자가 되려고 하면 안 된다.

하나님이 나의 주인이신가?
진심으로 여호와가 목자이며 나는 양인가?

진정한 변화는 가치관의 변화

하나님을 믿으면 여러 변화가 일어나는데 가장 중요한 변화는 가치관이다. 즉, 하나님을 믿는다는 것은 가치관의 변화를 의미하고, 따라서 하나님을 믿으면 가치관의 변화가 반드시 있어야 한다.

나에게 가장 중요한 것이 변화되어야 하고, 그 가치의 중심이 하나님이요 예수 그리스도여야 한다. 세상의 가치를 주님의 이름으로 부여받는 것이 아니다.

주님을 만나면 세상을 구하는 것이 아니라 주 예수보다

더 귀한 것은 없다고 고백하며 주님과 동행하는 삶을 구하여야 한다. 세상의 것들은 주님과 동행하는 데 절대적으로 필요한 것들이 아니다.

하나님이 나의 주님이시고 그분보다 귀한 것이 없는 분명한 가치관의 변화가 있는가? 하나님으로 만족할 수 있는가? 세상의 것들이 다 떠나가도 하나님이 내 삶의 주인으로 계시는 신앙을 가지고 있는가? 그렇다면 무엇 때문에 기분 나쁘고 자존심 상하고 가슴 아파하는가?

정말 인생의 목자가 하나님이라면 왜 세상을 붙잡고 있는가? 왜 하나님을 우리의 세상 소원을 풀어주셔야 하는 분으로 여기는가? 그분은 나를 도와주기 위해 존재하시는 것이 아니다. 우리가 그분을 예배하고 주인으로 섬기기 위하여 존재하는 것이다.

물론 그 주님이 우리를 사랑하셔서 도와주신다. 그러나 도움받기 위해 하나님을 믿는 것은 아니다. 하나님은 나의 주인이고 창조주이시며 나는 그를 예배하는 예배자이다.

기도한다는 이유 하나로 신앙을 가지고 산다고 할 수

없다. 예배를 빠지지 않고 교회에서 봉사와 사역에 매진한다고 신앙을 가진 것이 아니다.

타 종교에서도 기도에 애를 쓴다. 옛날에 우리네 여인들이 정한 물 떠놓고 비나이다 비나이다 할 때 그냥 빈 것이 아니라 한겨울에도 그 새벽에 찬물로 씻고 정화수(井華水) 떠서 빌었다. 그 정도 열심으로 기도하는 사람, 교회에 별로 없다.

그런데 그 기도가 왜 안 되냐면 대상이 잘못되었기 때문이다. 우리 기도의 대상이 여호와 하나님이라면 세상의 가치를 붙잡고서는 그분께 상달되는 기도를 할 수 없다.

신앙이 깊어갈수록 자신의 기도 제목들이 더 영적으로 변화되는지 확인해봐야 한다. 정기적으로 기도하고 기도에 많은 시간을 투자한다 해도 기도 제목 자체가 하나님 중심이어야 한다.

그래서 가치관이 변화되지 않으면 "여호와는 나의 목자시니 내게 부족함이 없으리로다" 이 말씀을 이해하지 못한다. 이 땅의 것을 가치로 여기는 사람은 교회를 수십 년 다녀도 이 말씀을 고백하지 못한다. 아니, 무슨 말인지를 모른다.

기독교는 내 소원풀이 하는 곳이 아니다. 하나님이 전지전능하신 능력으로 내 소원을 풀어주는 것이 기독교가 아니다. 내 말만 하고 내 원함을 하나님이 이루어주시는 것은 기독교가 아니다. 기독교는 내가 죽는 것이다. 그리고 주께서 살아나시는 것이다.

세상에서 세상에 속하지 않는 가치관의 삶

세상이 너희를 미워하면 너희보다 먼저 나를 미워한 줄을 알라 너희가 세상에 속하였으면 세상이 자기의 것을 사랑할 것이나 너희는 세상에 속한 자가 아니요 도리어 내가 너희를 세상에서 택하였기 때문에 세상이 너희를 미워하느니라 **요 15:18,19**

주님은 세상에서 믿는 자의 사명을 분명하게 말씀하신다.

세상에 있으나 세상에 속하지 않는 삶을 살려면 분명한 가치관이 있어야 한다. 하나님 중심의 가치관이 중심되지 않으면 가능하지 않다. 예수를 믿는 우리는 세상에서 뒷걸음치거나 세상을 동경할 수 없다.

> 너희는 이 세대를 본받지 말고 오직 마음을 새롭게 함으로 변화를 받아… **롬 12:2**

하워드 스나이더(Howard A. Snyder)는 "교회는 예수님의 형상을 본받는 사람들의 공동체이지, 세상 문화의 형상을 본뜨는 공동체가 아니다"라고 말한다.

더 나아가 말한다.

"교회는 현 세상의 가치를 하나님 나라의 진리와 맞바꾼 공동체이다. 교회는 어둠의 권세 아래 있는 이 세상 나라의 시민들과는 전혀 다른 주권에 충성을 맹세한다. 교회가 세상과 구별된다는 것은 그저 어떤 차이를 드러낸다는 것이 아니라 투쟁하고 싸워야 하는 관계에 있다는 것이다."

진짜 교회란 진짜 성도를 세우는 공동체이다.

진짜 성도란 세상을 주인으로 섬기지 않는 사람이다.

진짜 믿음은 "이 모든 기도의 제목들이 하나님의 능력으로 이루어지는 것을 믿습니다!"가 아니라 "이 모든 기도 제목이 이루어지지 않고 내가 생각하는 대로 내 삶이 이루어지지 않아도 여호와는 나의 목자시고 나는 주님으로 인하여 부족하지 않습니다"라고 고백하는 것이다.

　이것이 예수 믿는 사람이 예수 믿지 않는 사람과 다른 점이고, 이런 사람들이 세상이 감당하지 못하는 믿음으로 이 땅에 세워지는 것이다.

지금 한국 교회의 문제는 성도 수가 줄어드는 데 있지 않다. 우리의 문제는 우리가 예수를 잘 믿지 않는 데 있다. 새벽기도 열심히 나오고, 주일날 열심히 오고, 헌금하고 사역도 하고… 그러면 예수를 잘 믿는다고 착각한다.

　그러나 예수를 믿는다는 것은 그러한 일들을 하는 것으로만 증명되는 것이 아니고 가장 중요한 변화가 있어야 한다. 주 예수보다 더 귀한 것은 없다는 가치관의 변화이다.

　그렇게 살고 있는지 확인하자. 교회에 헌신하는 것이 진정한 예배를 대신할 수 없으며 사역을 통해서 하나님과 관계가 회복되지 않는다.

예배는 어떻게 드려지고 있는가? 예배가 가장 중요하다. 하나님께 드려지는 예배가 온전한지 둘러보고 나의 예배를 점검하며, 예배는 어떠한 헌신과 사역으로도 대체하지 못한다는 것을 인식하자.

교회 안으로 세상이 들어온다

예수가 주인 되는 즉시 세상을 내려놓는다. 그것이 안 되면서 교회 안에까지 세상이 들어와 버렸다. 세상에서 잘나가면 교회에서도 목소리를 내기 시작하면서 믿음의 공동체가 무너져가고 있다.

세속화의 문제는 교회 안에 깊숙이 들어와 있다. 교회가 세상 속으로 들어가는 것이 아니라 세상의 가치와 기준이 교회 안에 자리 잡았다. 그래서 사람들이 세상의 기준으로 행동하고 서로를 인정한다.

교회도 세상의 지위 없이 다니기 쉽지 않아지고, 믿음 대신 세상에서 얼마나 잘나가느냐가 교회 직분의 기준이 되고 있다. 상대방을 판단하는 기준이 교회 안이나 세상이나 비슷하니 세상에 영향력을 주기가 쉽지 않게 되었다.

자신이 다니는 교회가 규모가 크고 성도가 좀 많이 다니면 자랑스럽게 그 교회 교인임을 말하고 자신의 교회가 작으면 대개 이름을 말하지 않는다.

"어느 교회 다니세요?"

"저는 개척교회 다녀요."

"저는 집 앞에 가까운 교회 다녀요".

어떤 목사님은 개척하며 교회 이름을 "가까운교회"로 지었다.

짐 월리스(Jim Wallis)는 《회심》(The Call To Conversion, IVP)에서 이렇게 말했다.

"사실 대부분의 그리스도인들은 신앙공동체인 지역교회보다는 이 세상의 정사와 권세에 더 깊이 뿌리를 내리고 있다. 따라서 교회에 문제가 많은 것은 놀라운 일이 아니다. 우리가 뿌리를 가장 깊이 내리고 있다고 생각하는 사회적인 실재가 우리의 가치관과 우선순위 그리고 우리 삶의 방식에 가장 큰 결정력을 행사하는 것은 분명하다.

우리의 안전을 다른 것에 의지하고 있으면서 기독교적인 교제를 말하는 것으로는 충분하지 않다. 하나님의 백성들이 이 세상에 안전의 기반을 두고 있는 이상, 이 세상의 가치관과 제도에 순응할 수밖에 없을 것이기 때문이다."

교회 안에 진정 하나님을 믿고 예수의 제자로 사는 사람들이 몇 명이나 되겠는가? 그저 교회의 일원으로 그것에 만족하며 다니는 경우가 얼마나 많은가? 철저하게 신앙보다는 관계와 사역으로 사람을 묶어놓고 공동체라는 단어로써 모든 것을 합리화시키며 우리는 가짜가 되어 가고 있는 것은 아닌가?

교회에서도 너무 많은 사역에 치여서 나의 신앙은 온데간데없는 지경은 아닌가? 교회에서 봉사를 많이 하는 것이 꼭 하나님을 온전하게 붙잡고 있는 것인가?

교회 생활을 신앙생활로 착각하면 안 된다. 교회에서 하는 봉사와 관계 속에 이루어지는 많은 일이 하나님께서 원하시는 일인지 확인해야 한다.

교회에서 수십 년 동안 사역한 것이 혹시 나의 면류관이 되었다면 회개해야 한다. 열심히 해서 나 아니면 그 사역이 안 될 것 같은가? 신앙생활 잘못한 것이다.

신앙의 열매는 사역의 풍성함이 아니다. 신앙의 열매는 가치관의 변화이다. 구체적인 가치관의 변화를 고백하는 것이다. 하나님 중심의 가치관이 믿음으로 선포될 때에야 "여호와는 나의 목자시니 내게 부족함이 없다"라는 고백이 가능해진다.

하나님은 중심을 보신다

사무엘은 엘리압이 마음에 들었으나 하나님은 "내가 보는 것은 사람과 같지 아니하니 사람은 외모를 보거니와 나 여호와는 중심을 보느니라"(삼상 16:7)라고 말씀하셨다.

여호와는 중심을 보신다. 여호와를 속일 수 없다. 그러나 우리는 그것을 알면서도 계속해서 악한 죄를 짓는다. "사람의 눈은 피해도 하나님의 눈은 피할 수 없다"라고 말하면서도 말씀을 지키지 않는다. 죄가 죄의 사슬로 강하게 얽매고 조여 오는데 우리는 잠시 잠깐의 쾌락에 무너진다.

그런 우리는 여호와 하나님을 믿는 사람들인가?

예수님의 십자가 능력이 죄 사함에만 있고 죄를 이기지는 못하는가?

그저 죄를 짓고 회개하는 것이 기독교인가?

여호와가 목자시라면 그렇게 살 수는 없다. 죄의 습관을 아직도 끊어내지 못하는 것은 죄의 강한 유혹에만 문제가 있는 것이 아니고 자신의 신앙에 문제가 있는 것이다. 어쩌면 종교 생활에 그치고, 주님을 믿고 있지 않을 수 있다.

기도한다고 예배만 드린다고 주님을 믿는 것이 아니다. 사람은 속일 수 있어도 하나님은 속일 수 없다.

아무리 열심히 예배드려도 나 중심으로 드리는 예배는 받지 않으신다. 기도 열심히 하는데 나 중심으로 열심히 기도하는 사람이 교회에서 제일 위험하다.

나는 죽고 주님이 사시는 것이 기독교이다. 기독교의 핵심은 내가 죽는 것인데, 나 중심으로 기도한다는 것은 "나 살아있다, 하나님, 나 살아 있으니까 이것 해줘요" 하는 것이다. 이것이 얼마나 무서운 것인지 모른다.

여호와는 중심을 보신다. 여호와는 속지 않으신다. 그리고 모든 사람에게 오해를 받고 공격을 받아도 여호와는 아신다. 중심을 보시기에.

괜찮아, 내가 너의 목자야

기도굴에서 나의 기도는 신앙의 고백이 아니었다. 고통과 아픔에서 오는 외침이었을 뿐이다. 그저 원망 가득한 분노 섞인 외침이었다. 그 시간에도 여호와는 나의 목자이셨고 그분이 나의 목자이심은 단 한 번도 변함이 없었지만, 나의 고통만을 바라보며 외치는 시간이었다.

그때 여호와 하나님은 나의 입술에 말씀을 넣어주셨다. 고백하게 하셨다.

"여호와는 나의 목자시니 내게 부족함이 없습니다."

나는 상처도 많고 부족한 것도 너무 많았는데 참 힘들고 어려운 그 시간, 내가 하나님을 원망하고 그분을 이해할 수 없을 때도 하나님은 이 믿음의 표현을 요구하셨다.

감정적으로는 이것이 안 되었다. "여호와는 나의 목자시니…" 이를 악물고 고백하려 해도 자꾸만 '여호와는 나의 목자신데 이렇게까지 하실 수 있나', '여호와는 나의 목자신데 뭘 이렇게까지 하시나…' 이런 쪽으로만 갔다.

사랑하는 교회가 어려움을 겪는 것을 보면서 마음이 너무 어려운데, "어떻게 이럴 수 있습니까, 정말 열심히 했고 하나님께서 원하시는 그런 교회 만들려고 열심히 노력했는데 어떻게 이럴 수 있습니까" 할 때마다 하나님은 내게 그 고백을 원하셨다.

"내가 너의 목자야. 괜찮아, 내가 너와 함께하잖아."

그러나 나의 속상함은 거기서 한 번에 끝나지 않았다. 대형교회가 가져다주는 힘을 한순간 잃어버리자 하이에나들의 공격으로 오해받고 비난받고 고통당했다. 그때도 주님은 말씀하셨다.

"나도 당했다. 너 진짜로 살아주지 않을래?"

기도굴의 시간은 그렇게 계속되었다. 나의 기도 제목을 내려놓고 내 생각과 계획을 내려놓는 시간이었다.

'온전히 주님 말씀하시는 대로 살아야지.'

　지금까지 사역을 하면서 얼마나 내 생각으로 결정하고 진행해 왔는지 뒤돌아보았다. 내가 하고 싶은 것을 한 적이 있는지, 사역의 주인은 진정 하나님이셨는지 돌아보고 기도하고 회개했다.

그렇게 기도하던 중에 하나님께서 말씀을 하나 주셨다. "위로하라"라는 말씀이었다.

　그래서 선교지 나라들에 가면 "혹시 선교사님 가정 중 그 가정만 들어가셔서 사역하시는 도시가 있습니까?" 하고 선교사님들에게 묻기 시작했다.

　선교사님들은 대부분 대도시에 많이 사는데 어렵고 힘든 곳에 혼자 가 계신 선교사님 가정이 꼭 있다. 그런 분들을 찾아가기 시작했다. 전화하고, 2박 3일 먹을 라면과 김 같은 것을 준비해서 그냥 무조건 간다. 그리고 만나면 2박 3일 동안 집 밖에도 안 나가고, 가져간 라면 끓여 먹으며 이야기를 나눈다.

그저

하나님이 우리의 목자 되심을 다시 한번 느끼면서,

우리를 만나게 하신 목자를 찬양하면서.

동남아를 시작으로, 부름이 있으면 세계 곳곳의 선교지 사역으로 달려갔다. 집회하고 상담하고 목회자들과 많은 이야기를 나누었다. 특별히 내가 아픔을 당한 후라 많은 분이 위로를 받으시는 듯했다. 정말 나의 아픔이 치유의 선물이 되는 것을 느꼈다.

여호와께서 진정 나의 목자이시면 진짜 다 괜찮다.

어떤 상황에서도 다 괜찮다.

힘들지 않은 것은 아니나 정말 괜찮다.

그 고백을 하나님의 사람들과 나누면서 더 간절해졌다.

'목자를 붙잡고 살아야지.'

하나님이 중심되시면 기도부터 바꾸자

하나님 중심의 삶을 살고 있는가? 정말 하나님을 원하는가? 아니면 그 하나님을 통해 내가 원하는 것을 이루기 원하는가?

하나님보다 더 중요한 것이 없는지 확인하라. 우선순위만 확실해도 신앙이 확실해진다. 기도 제목을 확인하고, 세상을 구하는 기도를 내려놓자.

사람의 눈으로는 비슷하게 보인다. 그래서 우리는 속는다. 내가 잘 믿는 줄 알고, 다른 사람들도 잘 믿는다고 격려해준다. 그러나 공허함을 채울 수 없고 아직도 세상을 향한 마음을 정리할 수 없다면 그것부터 해야 한다.

믿지 못하고 믿는 줄 아는 불신앙도 큰 문제이고, 세상 것을 구하면서 자기는 기도하는 사람이라고 착각하는 것도 문제이다.

새벽기도를 일 년 열두 달 하루도 빠지지 않고 나가도 세상 것을 구하고 내가 원하는 기도 제목을 읊고 돌아가는 것으로 기도하는 사람이 되는 것이 아니다. 그런 기도는 하나님께 쓰임 받지 못한다.

기도 많이 하는 게 중요한 것이 아니다.
기도는 화려한 언어도, 어떤 방언도 아니고
내 생각을 토해내는 시간도 아니다.
하나님의 마음, 하나님의 생각과 나를 맞추는 시간이다.

기도 제목부터 고쳐라.

겉으로는 하나님이며 하나님의 나라로 포장되어 있지만
그 내용은 거의 다 세속적인 기도, 내 학업을 도와주시고
사업을 넓혀주시고 직장에서 승진하게 해주시고 애들 좋은
대학 가고 잘되게 해달라고 세상 사람들과 똑같이 이 땅의
것을 구하는 기도는 이제 그만하고, 이 세상 것에 너무 혀
를 갖다 댄 것을 하나님 앞에서 다 회개해야 한다.
　문제를 고쳐달라고 하지 말고 여호와 하나님을 목자로
붙잡게 해달라고 기도하자. 세상 것을 쏟아부어 달라고
기도하지 말고 세상에 마음을 빼앗기지 않게 해달라고 기
도하자.

하나님 중심으로 살고 나 중심으로 살지 않게,
매일 나는 죽고 주님이 사시는
진짜 신앙을 위해 기도하자.

하나님의 나라와 그의 의를 구하고 하나님의 마음을 구하자. 내가 도대체 하나님 마음에 어떻게 가까이 가야 할지 그것을 기도하자.

"하나님, 저는 오늘도 제 뜻대로 살 가능성이 너무 많으니 주님의 생각과 맞추기 원합니다. 하나님의 말씀을 잊지 않게 해주십시오. 제 인생의 내비게이션은 주님입니다"라고 고백하자.

그리고 기도 자체를 성령의 인도를 받아서 하는 것이 중요하다. 꼭 짚고 가야 할 중요한 부분인데, 하나님의 음성을 들으려면 힘을 빼야 한다.

힘을 빼고 하나님 중심으로 하나님 생각에 맞추어야 들린다. 나를 과신하지 말고, 나의 능력을 믿지 말고, 완전히 엎드려서 내가 죽어야 그때부터 하나님의 음성이 들린다.

주님을 만나면 가치관이 변화되고 그 변화는 반드시 기도 제목의 변화로 이어진다. 무엇이든지 구할 수 있고 아바 아버지께 하지 못할 기도는 없지만, 기도가 주문이 되지 않도록 하나님 중심의 기도를 해야 한다.

하나님께서 나의 결핍을 아심에도 불구하고

페루에 쿠스코(Cuzco)라는 도시가 있다. 이곳은 해발 3,400미터의 고산지대이며 매우 위험한 무당 도시인데, 한 번도 교회가 세워진 적이 없는 그 땅에 한국인 선교사 부부가 들어가 살면서 교회를 세웠다.

그들은 하나님을 정말 사랑하고 헌신된 분들인데, 기도 제목이었던 '자녀'가 없다. 그래서 자녀교육이나 안전을 염려할 필요가 없이 목숨을 걸고 그곳에 살 수 있었고, 거기서 함께 사니까 교회가 되기 시작했고 성도들이 자신들의 선교사님을 영적 아버지라고 불렀다.

한 번은 무당들과 그 지역 폭력배가 와서 목사님을 때리고 힘들게 하자 그 교회 청년들 십여 명이 그들을 찾아가 "우리의 영적 아버지를 때린 것은 나를 때린 것과 똑같다"

라며 혼내주었다고 한다.

그래서 선교사님은 이렇게 고백하신다. "내가 자녀는 없지만 이 청년들이 다 나의 자녀가 되었다"라고.

전지전능하신 하나님께서 나의 형편을 잘 아시고 나에게 필요한 것을 다 아신다. 그러함에도 불구하고 끝까지 해결되지 않는 문제들과 약함과 결핍이 있다면 어쩌면 그것은 내가 하나님께 구해야 할 것이 아니라 없어야 할 것이어서 그런 것은 아닐까?

칼로 요리나 뭔가를 하고 있을 때, 어린 자녀가 아무리 "나도 나도" 하면서 애타게 달라고 해도 "그래, 네가 그렇게 원하니까 한번 해봐라" 하면서 그 칼을 내주는 부모는 한 사람도 없다.

나도 아버지로서 내 자녀에게 필요한 것을 알고 자녀에게 더 주고 싶은 부모의 마음이 있는데, 하나님은 우리에게 얼마나 주고 싶어 하시겠는가.

그러함에도 불구하고 안 주신다면, 내 기도가 모자라서 응답을 못 받은 것이 아니라 하나님께서 내게 그것은 필요 없다고 말씀하시는 것이거나, 우리가 받으면 안 되는 것이기 때문일 수도 있다. 어쩌면 '지금'은 그것이 없어야 할 때일 수도 있다.

그 문제가 나를 사람 만들 수도 있다. 하나님께서 문제를 통해 인격을 만들어 가신다. 우리의 약함도 하나님께서 우리를 사용하시는 도구가 된다. 아픔과 상실도 치유의 도구가 된다.

우리를 사람 만드시기 위해서 고난을 사용하실 때도 있다. 이 세상의 것으로 마음을 빼앗기지 않게 훈련하시려고 수많은 어려움과 고통을 허락하실 수 있다. 지금 자녀의 방황은 그 부모와 자녀에게 필요한 시간일 수도 있다.

힘든 선교사님들에게 나의 아픔이 치유의 선물이 되었던 것처럼, "이렇게 돈 벌고 성공했다"라는 얘기보다 어려움과 고통을 통과한 간증은 사람들에게 감동과 은혜를 나눌 수 있다. 우리 모두 그런 시간이 있었고 앞으로도 그런 시간이 또 다가올 것이기 때문이다.

이 세상을 살아가는 사람이면 누구나 다 부족함이 있고 아픔이 있다. 재벌이라고 아픔이 없겠는가. 그들도 다 아픔이 있다. 그런데 무엇이 간증이 될까? 이 세상 사람들이 보기에 부족함이 없는 사람이 내게 부족함이 없다고 말할 때 간증이 될까?

우리와 같이 부족함이 있어 보이고 아픔도 있어 보이고 지금 해결돼야 할 문제도 분명히 있어 보이는 사람이 "여호와는 나의 목자시니 내게 부족함이 없으리로다"라고 고백할 때 정말 간증이 되지 않겠는가?

지금 이 시간, 부족함이 없다

하나님은 나의 필요를 가장 잘 아셔서 나에게 감당할 수 있는 시험만 주신다. 그러므로 현재 내가 역경을 지나가고 있어도 그것이 하나님께서 허락하신 것이면 그 역경 안에서 버티면서, 도와달라고 기도하며 지나가야 한다.

지금 어려움이 있고 문제가 아직 해결되지 않았어도 이 문제가 만약 주께서 나에게 허락하신 것이라면 그 어려움 때문에 이 땅에 얽매여 살 필요가 없다. 하나님의 뜻이면 해결될 것이고, 해결되지 않아도 하나님께서 나와 함께하시고 나는 하나님의 뜻대로 살 것이기 때문이다.

그래서 우리는 '지금 이 시간'에 부족함이 없다고 고백할 수 있어야 한다.

"이 문제만 해결되면"이 아니고
"이 기도만 들어주시면"이 아니라,

"지금 여호와께서 나의 목자시니
지금 이 시간! 나는 부족함이 없다"라고.

이것이 정말 고백이 되어야 예수 믿는 것이지만 그것이 결코 쉽지는 않다. 아니, 너무 어렵다. 우리는 하나님께서 안 주시는 것까지 너무 원할 때가 얼마나 많은가. 그러면서도 뻔뻔하게 "여호와는 나의 목자시니 내게 부족함이 없으리로다"라고 고백한다.

　내가 볼 때 이 말씀만 정말로 우리 인생에 적용된다면 우리의 신앙 수준이 달라질 것이다. 모든 일이 잘될 때 말고, 어렵고 힘들고 눈물 흘릴 때 이렇게 고백할 수 있다면 세상에서 나를 조르고 숨 막히게 했던 많은 문제에서 자유할 수 있다.

그러나 세상의 가치관으로는 죽어도 이 고백 못 한다. 아무리 많은 것을 가졌어도 못 한다. 매일매일 새롭게 하나님 앞에서 나를 죽이지 않으면 절대로 일어나지 않는다.

나의 믿음은 진짜인가?
나의 주인은 정말 하나님이신가?
내가 따르는 분은 진정 예수 그리스도인가?

여호와는 목자이시고
우리는 양이다.

CHAPTER 2

누이심

그가 나를 푸른 풀밭에 누이시며
쉴만한 물가로 인도하시는도다

눕지 못하는 양, 누이시는 목자

우리는 강과 산을 쉽게 볼 수 있는 나라에서 살기 때문에 이 말씀이 그다지 피부에 와닿지 않을 수 있다. 그러나 광야와 사막의 나라에서 푸른 풀밭과 쉴만한 물가는 거의 기적이다.

이스라엘의 목동들은 오전에 나가서 풀을 먹이고 오후에 집으로 퇴근하는 삶을 사는 것이 아니다. 그들은 대개 풀과 물가로 양을 인도하며 유목을 한다. 열흘에서 보름 정도 길을 돌아다니다 다시 가족이 있는 곳으로 돌아오는 여정이다.

그래서 예수님이 99마리의 양을 두고 잃어버린 한 마리

양을 찾아 길을 떠난다는 말씀(마 18:12)은 하루 일정 중 바로 집 근처에서 먹였던 양을 찾으러 나간다는 것이 아니고 적어도 열흘길 이상의 여정에서 돌아온 목자가 어디서 잃어버렸는지 알 수 없는 그 양을 향해 다시 길을 떠난다는 이야기이다. 그런 마음을 우리에게 표현하신 것이다.

양들을 푸른 풀밭에 누이신다는 것은 목동이었던 다윗이 목적을 가지고 표현한 것이다.

〈내셔널 지오그래피〉(National Geography)나 〈동물의 왕국〉같이 동물들이 등장하는 TV 프로그램을 보면 약한 동물은 절대 누워있지 않는다. 항상 강하고 센 녀석들만 늘어져 낮잠도 즐기고 하지, 약한 동물은 바스락하는 풀잎 소리에도 도망치고 본다.

미국의 필립 켈러(Philip Keller) 목사님은 이 "푸른 풀밭에 누이시며"라는 부분에서 '어떻게 양이 누울 수가 있지?'라는 질문을 품기 시작했다. 그리고 이스라엘로 건너가 8년 동안 실제로 목자 생활을 했다.

그런 후에 쓴 그의 책《양과 목자》(A Shepherd Looks at Psalm 23, 생명의 말씀사)는 시편과 성경을 이해하는 데 큰 도움을 주는 책이 되었다.

이 책에 따르면 양들이 누우려면 4가지 상황과 여건이 다 충족되어야 한다.

첫째, 양들이 자신들을 공격하는 맹수로부터 자유롭고 안전하다고 느껴야 한다.

둘째, 해충이 없어야 한다. 털 있는 짐승이 밖에서 지내면서 해충들로부터 자유롭기란 쉬운 일이 아닐 것이다.

셋째, 어느 양이 다른 양을 공격한다든가 하는 문제 없이 양 무리 안에 평화가 있어야 한다.

마지막으로, 배고프지 않아야 한다. 지금까지도 잘 먹었으니 내일도 먹을 것이라는 확신이 있어야 한다.

켈러 목사님이 목자 생활을 하면서 유심히 보았는데 8년 동안 양이 누운 적이 몇 번 없을 정도로 양들이 눕는 것은 정말 드문 일이다.

목동으로서 양과 생사고락을 함께했던 다윗이 제일 잘 안다. 양이 눕지 않는 것을.

승리의 공식을 알았던 다윗

단 한 번도 왕이 되려고 하지 않은 다윗에게 갑자기 사무엘이라는 어른이 와서 기름을 부었다. 생각지도 않은 일이 벌어졌다. 사실 그날 형들은 준비 다 해서 사무엘 앞에 섰고 자신은 여느 때와 마찬가지로 양들을 돌보고 있었다. 그런데 갑자기 집으로 오라는 연락을 받았다. 땀으로 범벅인 채로 뛰어오니 어르신 한 분이 기름을 붓고 왕이 된다고 말해주었다.

왕이 된다고 했으면 다음 날 레드카펫도 깔리고 팡파르도 울리고 뭔가 좀 변화가 있어야 할 텐데 기름 부음을 받은 후에도 다윗의 삶은 변한 것이 하나도 없었다. 계속 양들을 돌보고 열심히 일했다.

변화된 것이 있다면 사실 형들이 그전보다 더 싫어하고 욕하고 못살게 굴었다. 그러나 할 수 있는 것이 없었기에 그렇게 세월은 가고 있었고 왕은 무슨 왕, 그 어르신 참 이상한 분이네 하는 생각이 들곤 했다.

형들이 전쟁에 나갔다. 그리고 들려오는 소리는 계속 밀리고 있다는 소식이었다. 적장 중에 어마어마한 장군이 있다는 이야기를 들었다.

아버지는 전쟁터에 가서 형들을 만나고 오라고 하셨다. 엄청 무거운 치즈 열 덩어리를 주며 이것은 형들의 상관들에게 가져다주고, 볶은 곡식과 떡 열 덩어리는 형들에게 주라고 하셨다. 그 무거운 짐을 들고 먼길을 떠났다.

다윗은 말을 참 잘 듣는 아들이다. 가면서 하나도 팔아먹지 않고 끝까지 다 들고 갔다. 전쟁터에서 형들은 다윗을 반기지 않았다. 한마디로 재수 없는 놈이 여기까지 왔다고 생각했다.

그곳에서 다윗은 골리앗을 만난다. 골리앗이 대결하자 해도, 싸움을 하자 해도 이스라엘 군인들은 한 명도 나가지 못했고 장군들과 사울 왕도 덜덜 떨고 있었다.

다윗은 자신이 나가겠다고 했다. 그러면 장군들이 적어도 "아, 정말 내가 너무 부끄럽구나, 너는 군인도 아니고 아직 어린데 참 대단하다. 가만히 있거라. 내가 나가마" 이래야 하는데, 그들은 얼씨구나 하며 사울에게 데리고 갔고, 사울은 자신의 갑옷을 입혀주었다.

사울은 다윗에게 갑옷을 입혀주어서는 안 되었다. 사울은 그 갑옷을 입고 자신이 골리앗과 싸워야 했다.

하지만 다윗에게 그 갑옷은 맞지 않았다. 사울의 완벽한 갑옷은 다윗에게 너무 큰 짐이 되었다. 그래서 벗어버렸다.

잊지 말자.
남의 갑옷은 나를 지켜주지 못한다.
부러워할 필요가 없다. 어차피 나에게 안 맞는다.

이스라엘 군사들은 모든 전쟁을 떠나기 전 제사를 드린다. 간절한 마음으로 이 전쟁은 주께 속한 것이라고 고백하며 제사 드린다. 그 제사의 고백은 어디에 있는가? 가짜 제사라고 쉽게 평할 수 없다. 그 제사 때에는 진지했고, 진심이었다.

그러나 그 제사가 진짜가 되려면 여호와가 목자로서 나를 인도하시고 전쟁터에서도 이 상황의 주인이심을 반드시 믿어야 한다. 여호와를 알지 못하면 전쟁이 나의 힘으로 싸우는 전투가 된다.

다윗은 자신이 이길 수 없는 맹수들과 싸우면서 여호와 하나님의 보호하심을 수없이 체험했다. 그 경험은 체험 없는 수백 번의 제사보다 강하다.

예배가 그저 나의 마음의 위로와 평안을 목적으로 한다면 그 예배로 어느 누구도 변화될 수 없다.

다윗이 골리앗을 이겼다. 사실 이 말은 반만 맞는 말이다. 다윗이 하나님의 능력으로 골리앗을 이겼다. 다윗은 골리앗 못 이긴다. 골리앗은 특수교육을 받으며 자라난 특수 군인이다. 사람이 해결할 수 없는 일들이 골리앗과 같은 문제들이다. 그러나 다윗은 공식을 하나 알았다.

다윗 : 골리앗 = 골리앗 승

그러나

하나님 : 골리앗 = 하나님 승

그 믿음이 고백이 되었다.

이 세상의 눈으로 보면 잘 보이지 않아도, 하나님은 지금도 살아계셔서 돌멩이 다섯 개 가지고 뛰어가는 내 새끼 살리신다. 돌멩이로 이길 수 없는 상대에게 돌멩이만 가지고 나가도 여호와께서 목자이시면 결과는 승리이다.

내가 준비되어서 쓰임 받은 것이 아니고, 내가 괜찮은 사람이어서 쓰임 받은 것이 아니다. 능력도 지혜도 다 하나님께서 가지고 계신다. 우리는 그 하나님 안에만 있으면 된다.

왕이 되려고 한 적이 없고, 그와 비슷한 꿈도 꾸지 않았던 다윗. 왕이 된다고 했으나 고생문만 열렸고 골리앗을 때려 눕혔으나 본격적인 광야 생활이 그를 기다리고 있었다.

그러나 목동이었던 다윗은 자신의 고통과 어려움 속에서도 하나님께서 자신의 피난처가 되어주심을 고백한다.

나의 풀밭과 물가는 어디인가

우리가 생각하는 푸른 풀밭과 쉴만한 물가는 하나님이 생각하시는 것과 다른 것 같다. 하나님은 영적인 부분에서 강조하시는 것 같은데(물론 육적인 부분도 채워주시지만) 우리는 물질적인 것들을 생각하고 이 세상의 것을 얘기한다. 하나님이 나를 폼 나게 인도해주시고 이 땅의 것으로 채워주시기를 원한다.

"아멘! 좋다, 그럼 나 이제 인생의 문제도 하나도 없고 사업도 잘되고 자녀들도 풍성하고…."

이 세상 어디에도 그런 곳은 없다.
눈에 보이는 세상의 장소를 찾으면 실망한다.

푸른 풀밭과 쉴만한 물가는 우리가 생각하는 세상이 아니다. 하나님과 함께하여 하나님의 살아계심을 증거하는 능력이다. 하나님이 함께하심이 가장 중요하다. 그 외에는 있어도 되고 없어도 된다.
　그래서 푸른 풀밭과 쉴만한 물가는 하나님이다. 피난처 되어주시는 하나님이 우리의 푸른 풀밭과 쉴만한 물가이다. 아무리 광야 같은 인생에도 푸른 풀밭과 쉴만한 물가는 존재한다.

나에게 기도굴의 기도시간은 그런 시간이었다. 기도굴에서 하나님께 기도하는 시간에 깨달았다.
　그래서 세상에서 말하는 푸른 풀밭과 쉴만한 물가에 속지 않고 하나님만 붙잡기로 결단하고 더 이상 어떤 부분에도 가짜가 되지 않기를 기도했다.

목자의 인도는 양에게는 절대적이다. 그 길로 가야 한다. 하나님의 인도하심은 세상의 목적으로 보면 이해할 수 없다. 세상의 가치로는 영적인 인도하심의 가치를 느낄 수 없다.

성경은 분명히 악인들의 형통을 부러워하지 말라고 말씀한다. 그러나 믿는 자들이 힘들어하는 부분 중 하나는 왜 악하고 못된 인간들이 이 땅에서 잘 먹고 잘사는지 이해하지 못하는 것이다.

기도하는 분들 중 고통과 어려움 속에서 울부짖으며 기도해도 해결될 기미가 보이지 않는 분들도 많다. 세상의 눈으로 보면 그렇다. 그러나 천국의 눈으로 보기 시작하면, 어떤 상황에서도 주를 붙잡고 있는 사람은 모두 쉴만한 물가로 향하고 있는 것이다.

주님의 풀밭과 물가를 경험한 사람들

아프리카에 여러 번 갔다. 그중에 수도에서 차로 8시간 정도 떨어진 작은 마을에 간 적이 있다. 지붕과 벽은 있어도 창문이나 문이 있는 집은 거의 없는 가난한 동네였다.

그래도 벽돌 비슷한 것으로 지은 집 같은 건물이 있었는데 그곳이 교회였다. 교회도 지붕과 벽은 있으나 문이나 창문은 없었다. 내가 가본 곳 중에는 아프리카에서도 열악한 편이었다.

주일이던 다음날, 선교사님과 교회에 들어갔다. 안은 깜깜하고 틈새로 들어오는 빛만 있었다. 사람들이 휘파람과 높은 소리로 우리를 환영하고 곧 예배가 시작되었다. 예배는 단순했다. 책이나 주보도 없었고 영상이나 음향도 물론 없었다. 북이 하나 있어서 이것을 치며 찬양을 했다.

성도 한 사람이 일어나 찬양하면 모두 일어나 그 찬양을 따라 부른다. 그 찬양이 끝나면 또 다른 성도가 일어나 찬양하고 다 같이 일어나 춤을 추며 찬양한다. 대부분 나는 처음 듣는 찬양이었지만 성도들은 다 아는 찬양인 듯 다 같이 잘 불렀다. 그리고 한 분이 무슨 이야기를 하는데 아마도 간증인듯하다. 듣고 모두 환호한다.

그리고 나에게 설교를 해달라고 했다. 열심히 설교했다. 통역과 함께하는 설교는 항상 쉽지 않다. 설교가 끝나고 또 한 분이 일어나 찬양하고 다같이 찬양을 이어갔다. 그렇게 몇 곡을 부르더니 갑자기 나에게 두 번째 티칭을 해달라는 것이었다. 처음 겪는 일이었고 선교사님이 먼저 이야기도 안 해줬다.

'뭐지, 잘할 때까지 하라는 건가?'

애타게 다시 강단에 올라가라고 청하여 나는 어쩔 수 없이 다시 설교했다. 그 설교 후에도 또 찬양이 시작되었고, 그들은 어김없이 또 한 번의 티칭을 원했다. 그날 나는 설교를 네 번 했고, 10시쯤 시작한 예배는 5시가 넘어서 끝났다. 선교사님에게 물었다. 어떻게 된 것인지.

그들은 거의 매일 한 끼밖에 못 먹는다. 옥수수 같은 것을 빻아서 구우면 까칠까칠한 하얀 떡같이 되는데 이것을 하루에 한 번 먹는다. 그런데 주일에는 그 한 끼를 주님께 드리고 자신들은 그날 한 끼도 먹지 않고 온종일 예배를 드린다. 성도들은 그렇게 교회를 섬겼다. 정말 주님의 날답게 주를 높이며 예배했다.

가장 놀라운 것은 그들의 표정이었다. 기뻐하고 즐거워하고 정말 주님을 사랑하는 얼굴. 적어도 그 표정을 나는 잘 먹고 잘사는 나라의 성도들에게서 본 적이 거의 없다. 나는 그날 하나님 앞에서 너무 죄송했다. 정말 쥐구멍이 있으면 들어가고 싶다는 생각이 들었다.

나도 아이들을 키우는데, 형편 때문에 누구에게는 해주고 누구에게는 못 해줄 때가 있다. 그런데 더 해준 아이는 더 달라 하고 덜 해준 아이는 고맙다고 하면 부모의 마음이 어떻겠는가?

하나님 아버지는 마음이 어떠실까? 우리같이 많이 받은 사람들은 더 달라 왜 안 주냐 이런 식으로 하실 거냐 하나님께 따지는데, 내가 볼 때는 아무것도 받은 것이 없는 사람들이 감사하고 기뻐하며 "고맙습니다, 할렐루야!" 하고 찬양할 때.

그곳에 나를 데려간 선교사는 맨날 후줄근한 셔츠와 반바지 입고 슬리퍼 신고 다닌다. 하나님께서 보내주시는 사람을 통해서만 사역을 한다. 그런데도 그의 사역은 상상을 초월한다. 번쩍거리는 교회나 학교는 없지만 도시 도시마다 진짜 사역이 있다.

중동 선교사님들을 만났을 때 한 선교사님의 기도를 들으며 운 적이 있다. 그 분이 이렇게 기도했다.

"하나님, 저희 온 지 20년 됐어요. 열매가 하나도 없어요. 제자가 한 명도 없어요. 하나님, 그래도 저 여기서 하는 게 맞아요? 하나님이 부르셔서 왔어요. 최선을 다했는데 아무것도 안 보여요. 아직도 하나님을 사랑해요. 그런데 저 어떻게 살아야 돼요?"

그 기도를 들으며 앞자리에서 펑펑 울었다.

내가 김과 라면을 들고 찾아간 선교사님들, 2박 3일 돼서 헤어질 때면 이렇게 얘기한다.

"감사합니다. 저도 열심히 할게요."

순회하면서 많은 분을 만났다. 진짜 선교사들, 진짜 예수 믿는 사람들이 얼마나 많은지 모른다. 아무도 그분들을 알아주지 않고, 그 사역은 정말 힘들다. 하지만 누가 그 사역이 작다고 말할 수 있는가?

이렇게 이름도 빛도 없이 살아가는 사역자는 세상의 유명세보다 주님의 쉴만한 물가를 경험한 사람이다. 경제가 어려워지고 지원이 끊기자 원주민들의 동네에 집을 지어 함께 생활하며 자기 자녀들의 교육을 내려놓는 결정은 쉴만한 물가를 체험한 사람만이 할 수 있는 일이다.

정말 풀밭과 물가를 경험했는가

어느 지역에서 만난 몇 명의 직분자들은 담임목사님이 필요 없는 건축에 집중하고 있다고 비난하며 자신들이 영적으로 메말라 가고 있다고 한탄했다. 그러나 얼마 지나지 않아 교회에서 주는 중직을 맡게 되자 태도가 달라졌고 그 교회에 잘 다녔다.

이런 모습이 어제오늘의 모습이 아니다. 그래서 교회가 규모가 있을수록 직분과 직책으로 사람을 붙잡는다. 그리고 그것이 어느 정도의 명예가 되는지는 알 수 없지만 대개 성도들도 그 자리에 기뻐한다.

이것이 쉴만한 물가를 경험한 사람들일까? 쉴만한 물가를 경험하지 않고는 그것을 원할 수가 없다. 그저 문맥상의 고백으로는 신앙의 구체적 고백이 될 수가 없다.

이 세상에 온갖 마음을 빼앗기고 현재 신앙이 잘못되었음을 알면서도 그냥 그렇게 사는 것은 종교적 생활을 통해

지탱해온 교회 생활이지 하나님과의 살아있는 영적 삶이 아니다. 사역과 헌신도 예배를 대체할 수 없다. 예배의 임재를 벗어나 열심히 하는 모든 헌신과 사역은 의미 없다.

다윗은 하나님을 이렇게 고백한다.

> 내가 주의 영을 떠나 어디로 가며 주의 앞에서 어디로 피하리이까 내가 하늘에 올라갈지라도 거기 계시며 스올에 내 자리를 펼지라도 거기 계시니이다 … 내가 혹시 말하기를 흑암이 반드시 나를 덮고 나를 두른 빛은 밤이 되리라 할지라도 주에게서는 흑암이 숨기지 못하며 밤이 낮과 같이 비추이나니 주에게는 흑암과 빛이 같음이니이다 시 139:7,8,11,12

하나님이 어디에나 계시는 것을 믿는 것으로 끝나지 않고 직접 경험해야 한다. 하나님은 하나님의 사람을 버리지 않으시고 떠나지도 않으시는 분이심을 다른 사람의 간증으로 듣지 말고, 그것이 내 인생의 고백이 되게 해야 한다.

쉴만한 물가는 세상에 없다. 하나님과의 관계 속에서만 존재한다. 세상의 기준과 문화와 관계까지도 하나님과의 관계보다 우선될 수 없다. 위로받는 교제 모임도 하나님 중심에서 벗어난다면 다시 한번 생각해봐야 한다.

> 오직 너희 죄악이 너희와 너희 하나님 사이를 갈라놓았고 너희 죄가 그의 얼굴을 가리어서 너희에게서 듣지 않으시게 함이니라 **사 59:2**

아주 작은 타협에서부터 하나님과의 사이가 벌어지게 되었다. 그리고 주일예배 참석과 주어진 봉사로 그 죄의 벌어짐이 봉해진 듯이 착각하면서 살고 있는 사람들이 많다.

하나님을 경외하며 살면 세상의 안락함에 손대지 말아야 한다. 아직도 자신의 믿음이 본질에 충실하지 못하면서 교회의 직분과 직책에 만족하고 산다면 구원의 확신이 있는지부터 확인해야 한다.

B. T. 로버츠(Benjamin Titus Roberts)는 《Following the Lord》라는 옛 책에서 이렇게 말한다.

"그리스도의 제자가 되기 위한 한 가지 조건은 바로 그분을 따르는 것이다. 우리가 그분의 이름을 지니고 다닐 수 있지만 그런 이유로 그분이 우리를 인정하시는 것은 아니다. 만일 우리가 교회의 신조에 동의하고 교회의 규칙에 맞추어 살고 또 교회에 헌금을 낸다면 교회는 우리를 교회에 속한 것으로 간주해줄 것이다. 그러나 그리스도께서 우리를 그분에게 속한 것으로 간주하시도록 하려면 우리는 우리가 할 수 있는 대로 그분의 발자취를 따라야 하며 그분을 우리의 본으로 삼아야 한다. 우리는 선을 행하기 위해 열심을 내어야 한다.

우리가 진정으로 그리스도를 따른다면, 우리는 그분의 가르침이 오늘날의 관습과 배치될 때에도 그분의 가르침을 준수할 수 있어야 한다. 아무도 이 시대의 흐름을 따르면서 동시에 그리스도를 따를 수는 없다. 만일 우리가 이 생의 자랑과 세속적인 것이 있을 때에만 그리스도를 따르고, 그렇지 못할 때는 그리스도를 버린다면, 우리가 따르는 것은 그리스도가 아니라 이 세상이다!"

또한 하워드 스나이더(Howard Snyder)는 "예수의 길과 이 세상의 길이 갈등을 일으킬 때 철저하게 예수를 따르기로 헌신한 사람들로 구성된 공동체를 교회라고 한다"라고 말한다.

하나님을 두려워하면 세상을 두려워하지 않는다. 세상을 붙잡으면 하나님을 무서워한다. 하나님을 경외하는 것은 하나님을 무서워하는 것과 다르다.

존 비비어(John Bevere)는 "하나님은 우리가 하나님에 대하여 겁먹지 않기를 원하신다. 바울은 분명히 하나님이 우리에게 주신 것은 두려워하는 마음이 아니며 오직 능력과 사랑과 절제하는 마음(딤후 1:7)이라고 하였다"라고 말한다.
　　모세도 그의 백성들에게 "두려워하지 말라 하나님이 임하심은 너희를 시험하고 너희로 경외하여 범죄하지 않게 하려 하심이니라"(출 20:20)라고 말한다.

세상과 충돌하는 것은 사명이다.

세상에서 안락한 곳이 쉴만한 물가가 아니다. 오히려 반대이다. 사명자가 사명자답게 살며 주님과 깊은 교제와 안식을 이루는 곳을 말한다. 예수만을 붙잡고 살아가는 그곳이다.

당신의 삶에서 쉴만한 물가는 무엇인가? 세상의 안락이 아니고 세상에 존재하는 곳이 아님을 알면서 왜 이 세상에서 그곳을 찾고 있는가? 하나님을 붙잡으려면 지금 쥐고 있는 모든 것을 내려놓으라.

CHAPTER 3

인도
하심

내 영혼을 소생시키시고
자기 이름을 위하여
의의 길로 인도하시는도다

그게 그렇게 좋으냐?

선교지를 다니며 비행기를 많이 타게 된다. 청소년/청년 사역을 오래 하다 보니까 비행기를 타면 승무원이 된 제자를 만날 때가 있다. 한 번은 유럽에서 집회를 마치고 자비량으로 청년들을 만나고 돌아오는 길에, 한 승무원 제자가 기장에게 얘기해서 좌석을 일등석으로 업그레이드해준 적이 있다.

앉아보니까 정말 좋았다. 승무원들이 친절하고 해달라는 거 다 해주지, 밥 먹을 때 테이블보도 깔아주고 음식도 접시에 나오지… 호텔 같았다.

그래서 '너무 좋다, 너무 좋다. 하나님, 너무 감사합니다. 진작 이렇게 나오셨어야죠. 제가 놀러 다니는 것도 아니고 주의 일 하러 선교지 가면 오지(奧地)를 다니고 하는데. 그래서 하나님이 이렇게 해주셨군요. 참 감사하다, 너무 좋다' 하고 있었다.

너무 좋아서 잠도 안 왔다. 잠을 자서 비행이 빨리 끝나는 것보다는 안 자고 계속 누리는 것이 더 좋았기 때문이다. 그런데 도착이 2시간 정도 남았을 때, 말씀을 읽고 있는데 마음이 불편해지면서 하나님께서 내 마음속에 이렇게 말씀하시는 것 같았다.

"애야, 너 진짜 그렇게 좋으냐? 너, 내가 그렇게 좋다면서. 나 하나면 다 된다고 해놓고, 그렇게 설교도 하지 않았니. 그런데 그게 그렇게 좋으냐?"

그 순간부터는 그 자리가 그렇게 편하지 않았다.

돈을 많이 주면 그 자리에 앉을 수 있다. 돈이면 세상의 많은 일이 해결되고, 사람들에게 대우도 받고, 폼 나는 삶도 살 수 있다. 그래서 그런지 우리가 기도 제목으로 대놓고 돈을 달라고 하지는 않지만 여러 방면에서 그것을 요구한다.

그런데 어떻게 하면 우리가 여호와 한 분만으로 만족하고, 정말 "여호와는 나의 목자시니 내게 부족함이 없다"라고 고백할 수 있을까? 고통의 장소에서 하나님을 체험한 사람이 그렇게 고백할 수 있다. 하나님이 내 영혼을 소생시키셨다는 것을 가슴에 붙잡을 때 그 고백을 할 수 있다.

나는 죽고 주님이 사시는 내 영혼의 소생

영혼을 소생시켜주심을 믿는다는 것은
내가 죽었다는 것을 인정하는 것이다.

내 영혼을 주님이 소생시키셨다. 예수 그리스도께서 이 땅에 오셔서 십자가에 달려 돌아가시고 나를 소생시키셨다. 예수님이 나를 살리셨다. 지옥에 가고 멸망해야 마땅한 나, 정말 죄악 속에서 살아가는 나, 하나님을 위해서 아무것도 하지 않은 나를 위하여 예수님이 찾아오시고 나를 소생시키셨다.

그래서 내가 죽었었다는 것에서부터 감사가 일어나야 한다. 나는 죽었었다. 나는 죽었는데 하나님께서 날 살리셨다. 이 땅의 길과 내 길의 끝은 사망이지만 주의 길은 소생이다.

천국은 우리가 죽어서 가는 곳이 아니다. 완벽한 천국은 언젠가 우리가 죽어서 '그때'에 들어가게 되겠지만 예수 그리스도를 믿고 난 후에 이미 내 마음속에 하나님께서 허락하시는 그 천국이 시작된다. 그것이 우리 영혼이 소생되었다는 것이다.

천국과 상관없는 삶을 살며 모든 것을 나 중심으로 생각하고 나 중심으로 결정하고 자신의 기쁨을 위해서 모든 것을 계획하며 살아온 인생이 많다.

하나님이 나의 주인이고 창조주이고 목자이시다. 나는 주인이 아니다. 나는 피조물이고 양이다. 그런데 우리는 내가 주인 행세를 하고 싶은 것이다. 내가 주인으로 행세하고 싶고 폼 잡고 싶은 것이다. 이것이 죽어야 한다.

그래서 기독교는 '나는 죽고 주님이 사시는 것'이 그 시작이다. '내가 죽고 주님이 내 삶의 주인 되시는 것'이 신앙의 시작이다. 그리고 그 고백은 한 번으로 끝나는 것이 아니라, 매일 매 순간의 고백이어야 한다.

우리의 문제는 다들 한 번은 죽었는데 그 한 번만 죽고 다시 안 죽는다는 데 있다. 사도 바울도 매일 죽는다고 했는데 우리는 한 번만 죽고 은혜 한 번 엄청나게 받고 다시는 안 죽고 그 은혜 평생 우려먹으며 산다.

하나님과 온전한 관계를 이루려면 그분이 누구신지를, 그리고 그분의 사랑으로 내가 다시 살았음을 고백할 수 있어야 한다. 하나님은 우리를 영원한 죽음에서만 살리신 것이 아니라 우리의 모든 사건, 사고에서도 살리셨다. 혹독한 상황 속에서도 하나님은 우리를 살리셨다.

정말 하나님의 놀라운 십자가 역사를 통해서 내 영혼이 소생된 것에 감격하고 오늘도 감사하는가? 나 같은 인생이 신앙생활을 하고 나 같은 인생이 하나님께 예배드린다는 이것 하나만으로도 이 기적 속에서 살아가는 것을 감사하며 살아가고 있는가? 이 세상에 마음을 빼앗기지 않으며 여호와 한 분만을 바라보고 기뻐하며 정말 오늘도 감사하면서 살아가고 있는가?

내 마음에 원망과 불평불만이 있다면 구원의 감사가 떨어졌기 때문이다. 이 세상에 마음을 빼앗기고 있다면 나를 소생시키신 주님을 놓아버렸기 때문이다. 신앙의 열정이 식었다면 나를 살려주신 이가 누구이신지 생각해보지 않고 있기 때문이다.

내 영혼이 소생된 것을 체험하고 그것을 붙잡는다면 "여호와는 나의 목자시니 내게 부족함이 없다"라는 고백을 해야 하고, 또한 그렇게 고백할 수 있게 된다.

의의 길로 걸으라고 살리셨다

하나님께서 우리를 소생시키신 목적은 우리를 의의 길로 걷게 하시려는 것이다. 그래서 주님의 이름을 위하여 의의 길로 인도하신다.

하나님께서 인도하시는 의의 길은 쉬운 길이 아니다. 평안한 길이지만 편안한 길은 아니다. 생명의 길이지만 죽음이 도사리고 있는 길이다. 사탄이 공격하기 때문이다.

나는 사탄이 우리를 보고 두려워하면 좋겠고, 그 정도까지는 살지 못할 것 같다면 적어도 사탄이 신경을 쓰는 사람은 되어야 한다고 생각한다.

그런데 내가 볼 때 요즘 우리 믿는 사람들은 대체적으로 사탄이 신경 안 쓰는 사람들인 것 같다. 왜냐면 자기가 알아서 죄지을 것 다 짓고, 하나님 앞에서 벗어날 것 다 벗어나기 때문이다.

우리는 "하나님, 잘못했습니다. 사탄이 저를 유혹해서…"라고 기도하는데, 그 기도 들으면 사탄이 깜짝 놀라 손사래를 치며 "아닙니다, 하나님. 쟤는 제가 그런 것 아닙니다. 쟤는 자동이에요. 제가 아무것도 안 해도 됩니다"라고 할 판이다. 우리는 원수 마귀 사탄을 쓰러뜨려야 하는 사람들이다. 영적 전쟁을 싸워야 하지 않겠는가.

독일의 아이젠나흐라는 작은 도시에 종교개혁 당시 마르틴 루터가 피신하였던 바트부르크 성이 있다. 그곳에서 루터는 '내 주는 강한 성이요'라는 찬양을 지었는데, 그 성을 가보면 즉시로 그 찬양을 이해하게 된다. 무척 높은 산 위에 견고하게 지어져 있기 때문이다. 주께서 지키신다. 내가 지키는 것은 하나도 없다.

하나님을 주님으로 붙잡고 살아가면 악한 것의 방해와 유혹, 나를 쓰러뜨리려 하는 공격을 계속 경험하게 된다. 솔직히 돌아보라. 하나님의 역사를 경험하고 사탄이 자신을 흔들어 놓는 역사도 경험하며 살아가고 있는가? 그냥 내가 원하는 대로 내가 하는 대로 내 마음대로 살아온 것은 아닌가?

우리가 "내 주는 강한 성이요 주님은 나의 산성"이라고 찬양하는데 그 고백은 적어도 사탄이 공격하는 정도의 거룩한 인생을 살아야 할 수 있는 것이다.

의의 길은 좁은 길

주를 따르면서 고통이 따르고 희생이 따르는 것은 이 세상에서 사는 한 당연하다. 주님을 따른다는 것은 십자가를 지고 주의 제자로서 좁은 길을 걷는 것이다.

하나님은 의의 길이 좁은 길이고 힘든 길이라 할지라도 이 길이 진리의 길이고 진실의 길이고 유일한 길임을 우리에게 가르쳐주셨다. 그래서 우리가 이 길로 가는 것이다.

성경은 좁은 길로 걸으라고 하는데 왜 우리는 넓은 대로(大路)를 달라고 기도하는가? 예수님은 십자가를 지고 나를 따라오라고 하시는데 왜 우리는 편하게 가고 싶어 하고, 십자가를 벗겨달라고 기도하는가?

성경은 이 땅에서 떵떵거리면서 살라고 하는가, 아니면 정말 작고 낮은 곳에 있는 사람을 끌어안으라고 하는가? 예수님이 세상에 오셨을 때 왜 힘이 있는 사람들과 함께하지 않고, 과부와 고아를 돌보고 병자를 돌보고 가난한 자들과 함께하셨을까?

그런데 우리는 낮고 낮은 곳에 있는 한 사람만 교회 와도 다 불편해한다. 장애를 가진 분 한 분만 와도, 중증 장애가 있는 분이 한 분만 와도 다 불편해한다.

가장 낮은 곳으로 오신 예수, 그분의 시선이 바라보는 그곳에 우리가 있어야 한다. 예수님이 가장 낮은 곳을 바라보시니 우리가 그 낮은 곳을 섬겨야 한다.

우리는 좁은 길을 제거하여주시고 대로로 가게 해달라고, 이 땅에서 편안하게 살게 해달라고 기도하지만, 의의 길을 걷는 것이 하나님의 사람이 받은 사명이다.

　좁은 길로 걸어야 한다. 대로는 의의 길이 될 수 없다. 장애물을 제거해달라고 간구하지 말고 좁은 길을 주님의 제자로서 끝까지 걸을 수 있도록 기도해야 한다. 좁은 길을 피하지 말고 적극적으로 좁은 길을 걷자.

소생시키신 이유는 의의 길로 걷게 하심이다. 다시 살아서 악의 길로 걸을 수는 없다. 구원의 기쁨과 감격을 기억하고 다시 힘을 내자. 의의 길로 가는 것도 목자를 따라서 가면 된다. 여호와께서 목자가 되시면 된다. 나의 힘으로 걸을 수 없으니 주님을 붙잡고 걷자. 그러나 반드시 의의 열매가 나타나야 한다. 세상의 가치를 버리고 거룩을 향해 몸부림쳐 보자.

교회의 넓은 길, 세속화

이 땅에서 돈이나 재물, 그리고 명예가 없으면 사실 교회생활 하기도 쉽지 않게 되었다. 교회 안에서 돈이 있어야 행세하기 시작했다. 교회가 대형화되고 돈이 힘을 얻고 사회적 지위가 교회에서도 힘을 쓴다.

교회도 돈이 있어야 다닌다는 말은 이제 가끔 듣는 이야기가 아니다. 믿음 있고 충성된 성도라도 가난하면 교회에서 중직자로 잘 선출되지 않는다. 목사들의 대화 속에도 너무 돈 없는 사람이 중직자가 되면 안 좋다는 말을 맨정신에 하는 사람이 있다.

세상이 교회 안으로 들어오고, 세상의 기준이 교회의 기준이 되어버렸다. 세상적인 생각이 그대로 교회 안에 들어온 것이 세속화이다. 교회가 세속화되면 세상보다 더 어지럽다. 하나님의 말씀은 있는데 행함은 없다면 이 세상은 어지러워지고 만다.

한국 교회의 위기는 교회의 세속화에서 시작되었다. 목회자의 타락도 세속화의 결과이다. 세속화는 어느 한 사람 때문이 아니고 우리가, 우리 기도가 세속적인 것이 되었기 때문이다.

하늘의 뜻이 이 땅에 임하게 해달라고 기도하고, 오늘 일용할 양식에 대해서 감사하고, 주님의 것을 붙잡고 살면서 주님이 목자시니까 주님 뜻대로 알아서 해달라고 맡기는 그 하나님 중심의 것을 다 잃어버렸기 때문이다.

돈 자체는 문제가 없다. 중요한 것은 나의 주인이 누구냐는 것이다. 돈이 악한 것은 아니지만 돈의 힘은 세상에서 가장 강하다. 세상은 돈이 중심이고 능력이고 명예이다. 강한 힘을 갖게 되면 여호와 하나님을 경외하고 붙잡는 것이 당연히 힘들게 된다. 그래서 성경은 돈과 세상 명예에 대해 분명하고 강력하게 말씀한다.

성경은 "돈을 사랑함이 일만 악의 뿌리"(딤전 6:10)라고 말씀한다. 하지만 그 말에 신경 쓰는 사람은 별로 없다. 더 나아가 부자가 하나님의 나라에 들어가는 것이 낙타가 바늘귀로 들어가는 것보다 힘들다(마 19:24 참조)고 알면서도 돈을 구한다.

단 한 번도 성도들이 돈 많은 사람을 걱정하지 않는다. "어쩌죠. 돈이 많으면 천국 가기 힘들다는데요. 더 기도할게요" 이런 대화는 들어본 적이 없다. 그 사람의 믿음과 상관없이, 교회 좀 다니고 돈이 있으면 그를 부러워하고 "할렐루야, 하나님이 축복하셨다!"라고 한다.

그런 말은 함부로 하는 것이 아니다. 돈이 많은 것을 자신의 숙제라고 여기고 하나님 앞에서 두려워 떨면서 그 은사를 잘 사용하여 하나님께 드린 사람에게만 축복이 되는 것이다. 그렇게 살지 않으면 돈이 오히려 저주가 될 수도 있다.

열심히 돈 버는 일은 목적에 따라서 거룩한 일이 될 수 있다. 주의 일을 위해서 돈을 벌 수 있다. 그러나 돈을 좇는 일은 결코 거룩한 일이 될 수 없다. 돈을 좇으면서 주의 일을 한다고 말할 수 없다.

폼 잡지 않고 가는 길

사람들이 대부분 "물질을 주옵소서. 주를 위해 쓰겠습니다"라고 기도하지만, 돈의 주인이 진정 하나님이신 분은 만나기 쉽지 않다.

"주님, 저에게 물질을 주시면 제가 그 물질을 주님께 드리겠습니다!"라고 기도하는 사람도 있다. 그럼 뭐하러 달라고 하나? 주님이 알아서 쓰시라 하면 되지.

달라는 이유는 하나이다. 이 땅에서 폼 좀 잡고 살고 싶기 때문이다. 돈이 있으면 당연히 폼을 잡을 수 있다. 부모 노릇도 사실 돈 없이 하기 힘들고 자식 노릇도 마찬가지이다. 그래서 돈, 돈 하며 살아간다.

그러나 의의 길은 다르다. 주신 만큼 먹는 것이고, 그것도 나만 먹으면 안 되고 남도 먹이는 인생으로 살아야 한다. 그러려면 당연히 자신을 위해 적게 써야 하고, 이 땅의 것에서 힘을 얻지 않고 주의 뜻대로 사는 것에서 기쁨을 누려야 한다.

목사도 큰 교회에서 담임할 때와 순회하는 사역을 할 때의 차이가 엄청나다. 똑같은 사람이 가는데 대우는 하늘과 땅 차이다. 그냥 대화 속에서 오고 가는 모든 것이 다르다. 교회가 세상보다 더 무서웠다.

회개했다. 얼마나 세속적 삶을 살았는지. 어쩌면 나는 대형교회에 계속 있었으면 또 하나의 괴물이 되었을지도 모르겠다. 그 사역을 감당할 수 있는 깜냥이 나는 안 되었다.

깊은 기도를 경험하고 성령의 만지심 속에서 순회선교를

하게 되었지만 그런 가운데에서도 사람들의 바뀐 태도에 엄청 마음이 상하곤 했다. 그것이 나의 한계였고 폼 잡고 싶어 하는 죄성이었다.

그럴 때마다 마음을 다잡고 다시 기도하고 일부러 먼 선교지를 택해서 길을 떠났다. 그 선교지에는 이름도 빛도 없이 세상을 초월한 주님의 사람들이 있었고 그 만남은 회개와 새로운 결단으로 이어졌다.

목회하면서 간혹 신유의 은사가 있으면 참 좋겠다는 생각을 하곤 했다. 귀한 성도가 나쁜 병에 걸려 고생하는 것을 보면 항상 그 생각이 들었다. 그러나 목회현장에서 신유의 역사는 많이 일어나지 않았고, 간혹 병이 나았다는 분들이 있었지만 대개 집회를 통한 공동체의 간절한 기도 안에서 일어난 일이지 안수나 직접기도의 열매는 아니었다.

그런데 선교지에서는 눈앞에서 기적들이 일어나기 시작했다. 가는 대륙마다 나라마다 장애와 병마에서 해방이 일어났다. 말은 통하지 않아도 손잡고 간절히 기도하며 하나님께 나아가면 놀라운 일들이 일어났다.

왜 이런 일들이 선교지에서는 이렇게 강하게 일어날까?

여러 이유가 있겠지만 적어도 나에게는 이곳에서 일어나는 기적을 가지고 폼을 잡을 수는 없기 때문이 아닐까 하는 생각이 든다. 이 기적들이 나의 목회현장에서 일어났다면 얼마나 힘주고 뽐내며 살았을까?

선교지에서 일어나는 엄청난 성령의 역사들이 본국에 돌아오면 잘 나타나지 않는 또 다른 이유는 세속화 때문이라고 생각된다. 교회에서 예배드리고 찬양과 기도가 넘쳐도, 의의 기도가 아니고 나의 소원을 아뢰는 시간이라면 그곳에 임재는 없다.

거룩으로 구별되는 길

신앙생활을 하려면 세상의 가치를 내려놓아야 한다. 그저 성경의 지식이 늘고 훈련의 시간이 늘어나는 것이 신앙이 아니다. 의의 길을 걸어야 한다.

고독하고 좁고 힘든 이 길이 진리의 길이다. 그러나 이 길에 진정한 만족과 기쁨이 있고, 그 기쁨은 세상에서 얻을 수 없다. 그 맛을 봐야 이 길을 계속 걸을 수 있다.

의의 길로 걷는 것은 사명이고 명령이다. 주님의 사람은 다른 길도 없고 지름길도 없다. 신앙생활 하며 다가오는 고통과 세상의 조롱으로 의의 길을 확인하면 된다.

거룩은 구별되는 것이고, 구별되는 인생은 눈에 띈다. 의의 길로 걸으면 눈에 띄게 된다. 사람들이 너만 예수 믿냐고 할 것이다. 교회에 오래 다닌 분들은 우리도 한때 그리 열심히 했다고 할 것이다.

목회하면서 어렵고 힘든 부분 중 하나가 그것이었다. 은혜를 아예 못 받았다고 하는 분들보다 은혜를 한 번 크게 받은 사람들이 오히려 문제가 많았다.

특별한 영적 체험 같은 은혜를 받고서는 오늘 하나님의 역사, 오늘 하나님의 임재, 오늘 하나님의 인도하심에 대한 간구와 간절함이 하나도 없이 평생 그 은혜와 그 체험만 가지고 살면서 "나도 옛날에 다 해봤어. 나는 이런 영적 체험을 했어"라며 다른 사람들의 이야기는 우습게 여기는 사람들이.

내가 어릴 적에 어떤 분이 우리 가족을 호텔 뷔페에 초대해 주신 적이 있다. 한국에 뷔페가 소개된 지 얼마 안 되었고 모든 것이 신기했던 시기였다.

어머니가 내일 가서 많이 먹으라고 전날 저녁부터 안 주셔서 두 끼를 굶고 가서 정말 열심히 먹었다. 누르면 토할 만큼 많이 먹고 나는 다시는 밥을 안 먹어도 될 줄 알았다. 그런데 놀라운 일이 벌어졌다. 그다음 날 다시 배가 고픈 것이었다.

하나님께서 광야에서 이스라엘 백성들에게 40년 동안 매일매일 만나를 주셨다. 그것은 어제의 만나로 오늘을 살지 말라는 것이다. 오늘 새로운 은혜가 있고, 매일 그 '오늘의 은혜'로 살아야 한다는 것이다.

존 비비어는 《친밀감》(Drawing Near, 순전한 나드)에서 이렇게 말했다.

"하나님의 은혜로 구원함을 받은 사람들이 거룩한 두려움으로 하나님을 섬기지 않고 적당히 상상해서 만들어낸 신을 믿는다. 그들은 말로 주님을 믿는다고 하면서 찬양도 하고 말씀도 듣고 헌금도 드리지만, 세상에서 사업하면서 거짓말도 하고 사기도 치는 자들이다. 그러면서도 그들은 하나님께서 축복을 내려주셔서 부자가 되고 잘 먹고 잘 산다고 하는 자들이다.

그들은 핑계 대는 것에는 명수들이며 자신들이 진리대로 살지 못하는 것을 합리화시키는 일에는 거의 도사가 된 사람들이다. 그들은 음란하고 방탕하며 세상적인 것을 즐기면서도 회개하지 않고 계속 합리화만 한다. 그들에게 예수님을 아느냐고 물으면 그들은 강조하면서 예! 라고 할 것이다. 그들은 스스로 속이는 자들인가? 물론이다".

그들의 말에 흔들리지 마라. 종교생활 하는 사람들의 말에 흔들리지 말고, 쉽지 않지만 의의 길로 걸어라. 옆에서 뭐 그렇게까지 믿냐고 하면 목숨 걸고 그리 믿겠다고 고백하자. 그 소수의 사람들이 공동체를 살릴 수 있다.

율법적이고 종교적으로 사는 것과 하나님을 제대로 섬기는 것이 겉으로는 비슷해 보일지 모르지만, 중심을 보시는 하나님을 절대로 속일 수 없다.

모든 가치 있는 일은 다 힘들다. 주님의 십자가 보혈로 새롭게 된 우리는 그 핏값으로 의의 길을 걷게 된 것이다.

그 은혜를 값싼 은혜로 떨어뜨리지 않으려면 몸부림쳐야 한다. 거룩을 향한 몸부림이 있어야 한다. 위로와 격려에 헷갈리지 말고 자신의 몸을 쳐서 복종시켜 거룩함의 능력이 나타나는 삶을 살자.

하나님의 말씀을 붙잡고 가는 길

주의 길로 인도하시는 하나님을 붙잡고 산다는 의미는 강력한 하나님의 말씀을 붙잡고 산다는 것이다. 하나님의 말씀을 주야로 묵상하고 붙잡고 살아가는 것을 의미한다.

시편 1편 2절에서 시편 기자는 "오직 여호와의 율법을 즐거워하여 그의 율법을 주야로 묵상하는도다"라고 고백한다. 율법을 즐거워하라니. 그냥 순종하라는 것은 이해가 되지만 즐거워까지 하라는 것은 참 어려운 일이다. 사람은 법을 지키고 살아가는 것을 즐거워하지는 않는다. 법을 지키지 않으면 오는 규제 때문에 지키는 부분이 강하다.

그러나 시편 기자는 분명히 율법을 즐거워하고 주야로 묵상하라고 말한다. 주의 길로 인도하시는 하나님을 알고 따르려면 분명 하나님의 말씀을 붙잡고 살아야 한다.

하나님의 말씀을 묵상하는 사람의 '묵상'은 히브리어로 하가(Hagah)이다. 이사야는 사자가 먹잇감을 향해 내는 소리에 이 단어를 사용하기도 했다(사 31:4).

유진 피터슨은 《이 책을 먹으라》(Eat This Book, IVP)에서 이 구절에 대한 설명을 예화로 잘 풀어낸다.

"몇 년 전에 큰 뼈다귀를 좋아하는 개를 키운 적이 있다. 녀석은 운이 좋았다. 우리 집은 몬태나주의 숲이 우거진 언덕에 있었다. 녀석은 주로 정강이뼈나 갈비뼈 전리품을 질질 끌고서 호수 옆에 있는 우리 집 돌마당에 나타나곤 했다. 녀석은 작은 개였고 대부분의 뼈는 거의 녀석의 덩치만큼 컸다. … 녀석은 전리품을 우리 앞에 놓고 껑충거리며 꼬리를 흔들고 자랑스러워했다. … 녀석은 뼈를 물고 이리저리 굴리며 핥고 흔들었다 … 녀석은 그걸 즐기는 모습이 역력했다. 전혀 서두르지 않았다. 두어 시간 즐기던 녀석은 뼈를 묻었고 다음날 돌아와 다시 파냈다. 보통 뼈는 일주일 정도 갔다."

하나님의 말씀을 붙잡고 즐거워하며 빨고 먹는 이 모습이 우리에게 있는가? 무엇으로 즐거워하는가? 돈을 조금 더 벌고 아이들의 성적이 조금 오르고 주위의 칭찬을 받는 것으로 즐거워하는가? 무엇으로 즐겁고 행복한지를 잘 파악해도 신앙의 상태를 알 수 있다.

하나님의 말씀을 죽도록 사랑하고 또 사랑하자. 말씀을 사랑하고, 주의 길로 인도하신 대로 걷자. 한 걸음씩.

착각하지 말고 내 믿음을 점검하라

때가 되면 우리는 다 하나님 앞에 선다.

지금은 우리가 하나님이 있냐 없냐, 이렇다 저렇다 얘기하지만, 그때는 그 음성이 많은 물소리와도 같으신(계 1:15) 하나님의 위엄 앞에서 얼굴도 못 들고 떨고 있을 것이다.

그 앞에서 우리가 듣게 될 말은 둘 중 하나이다.

"너는 착하고 충성된 종이다."

"나는 도무지 너를 알지 못한다."

지금은 우리가 다 예배드리고, 나쁜 짓 안 하고, 찬양하면서 손도 들고 가끔 눈물도 흘리지만, 삶 속에 주를 의지함이 없고 주를 따르지 않으면 다 헛 것이다.

삶이 주님께 드려지는 제사가 되지 않고 회개가 삶의 변화로 이어지지 않으면 예배 안에서 흘리는 눈물은 아무 의미가 없다.

우리는 신앙생활에서 참 잘하고 있다고 착각하는 부분이 많다.

나는 정말 예수를 잘 믿고 있다,
많은 헌신을 하고 있다,
나만큼 예수를 믿으면 된다…

물론 우리가 말은 그렇게 하지 않는다. 대체적으로 말은 다 겸손하게 "저는 아무것도 아닙니다"라고 한다. 하지만 진짜 아무것도 아닌 것처럼 대우하면 감당하지 못하고 화를 내고 못 참고 난리가 난다.

우리는 정신 바짝 차리고, 내가 정말 하나님께 초점을 잘 맞추고 살아가고 있다는 착각에서 깨어나야 한다.

사탄은 우리가 하나님을 버리게 하는 것은 쉽지 않으니까 아주 조금씩 초점을 흐리게 해서 내가 하나님을 잘 믿고 잘 섬기고 있다고 착각하게 한다. 그것이 사탄의 역사이다.

우리는 매일매일 주님과 초점을 다시 맞춰야 하는 사람들이다. 오늘 새벽에 기도하고 QT를 통해서 주님을 만나고 은혜받았다 해도 그 은혜가 점심때까지도 잘 가지 않는 사람들이다. 출근하고 집안일 하다 보면 어느 틈에 또 내 마음대로 살아가는 사람들이다. 매 순간 하나님과 맞춰가며 살아가야 하는 사람들이다.

몇 년 전에 지방에서 청년들 연합집회를 했다. 많은 청년이 모였는데 하나님께서 특별한 은혜를 주셨고, 저녁 7시에 시작한 집회가 새벽 2시까지 이어졌다. 특별한 집회였다.

온 힘을 다해 집회를 인도하고, 마친 후 차를 운전하며 집으로 돌아가는데 갑자기 내 앞으로 어떤 차가 확 들어

왔다. 조금 전까지 그렇게 은혜를 받고 그렇게 집회를 했으면 "너의 가는 길에 축복 있으라" 해야 할 텐데 생각도 하기 전에 이미 내 입에서는 험한 말이 터져 나왔다.

내 안에 있는 것들이 악(惡)이다. 정말 멀었다. 그래서 내 영과 내 생각이 깨어 있지 않으면, 내가 하나님을 붙잡지 않으면 내가 하는 것들은 대개 악한 것들뿐이다. 그런데 교회 몇 년 다녔다고 나는 괜찮다, 나는 예수 잘 믿는다고 생각하니 얼마나 교만인가.

남도 속일 수 있고 나 자신도 속일 수 있지만, 하나님은 속일 수 없다. 그래서 신앙은 어렵다. 불가능하지는 않지만, 절대로 쉽지 않다. 쉽게 생각해서 뛰어들고 행하면 주님이 원하시는 삶을 살 수 없다.

나는 어떠한 그리스도인인지, 진정한 그리스도인인지, 정말로 하나님의 사람인지, 목자이신 하나님을 절대적으로 의지하고 살아가는 주님의 양인지를 점검하면서 살아야 한다.

나는 그 길을 정말 걷고 있는가

제프리 페퍼(Jeffrey Pfeffer)와 로버트 I. 서튼(Robert I. Sutton)은 《왜 지식경영이 실패하는가?》(The Knowing -Doing Gap : How Smart Companies Turn Knowledge into Action, 지샘)라는 책에서 실패하는 기업의 문제를 지적한다. 아는 것과 행하는 것의 간격이 기업의 실패 원인이라는 것이다.

어쩌면 신앙의 실패 원인도 내가 아는 것으로 그렇게 살고 있다고 착각하는 것이지 않을까?

주의 길을 알고 듣고 지식을 갖고 있다고 믿으면서, 그 길 속에서 치열하게 한 걸음 한 걸음 내딛지 않고서는 도저히 그 길을 갈 수 없다는 사실을 깨닫지 못하고 있는 것은 아닐까?

편안한 자리에서 쉽게 내던지는 아멘의 한 고백으로 내가 주의 제자의 길을 걷고 있다고 착각하는 것은 아닐까?

교회 다니는 사람들의 특징은 말로는 다 정답을 다 이야기한다는 것이다. 하지만 영적으로도 답을 알고 성경적으로도 답을 아는데 그렇게 살지 않는다.

정답은 다 알면서 왜 오답의 삶을 살아가는 것인가. '영적인 것은 영적인 것이고 교회에서는 그게 맞는데 세상에서는 그렇게 살면 안 된다'라고 믿는 것인가?

신앙이 진짜인지 가짜인지는 삶의 현장에서 나타나게 된다. 특별히 사망의 음침한 골짜기에서는 어느 누구도 거짓을 행하지 못한다. 가짜 믿음으로 시편 23편을 따라 읽을 수는 있어도 고백할 수는 없다.

살리고 인도하시는 주님을 따르는 일은 만만치 않다. 주의 말씀을 주야로 묵상하고 무장해도 쉽지 않은 길이다. 그 길을 걷고 있는지 확인하라.

이미 그 길을 걷고 있는 어느 누군가의 간증에 깊은 감동과 은혜를 받는다고 해서 내가 그 길을 걷는 것이 아니다. 내가 그 길을 동경하고 사모한다고 해서 그 길을 걷는 것이 아니다. 한 걸음씩 내디뎌야 그 한 걸음들이 모여 인생길이 된다.

그 길 위에 존재하는 모든 사람의 눈길에서 자유해야 한다. 사람의 칭찬도 뒤로 두고 앞에서 인도하시는 주를 바라보자.

주에게서 눈을 떼는 순간 그 길에서 벗어나게 되기 쉽다. 살려주신 이가 이제는 따라오라 말씀하신다. 예수를 따르는 길은 좁은 길이고 십자가의 길이지만 다른 진리의 길은 없다.

귀중한 일들은 대부분 불편한 곳에 있다. 정말 귀한 일들은 어렵고 힘든 곳에 있고, 불편함이 귀중함과 거리가 가깝다.

쉽게 살 것을 포기하고 주의 길로 걷자. 더 이상 장애물을 옮겨서 내 인생을 평탄하게 만들어달라고 기도하지 말자. 의의 길을 끝까지, 제대로 걷게 해달라고 기도하자. 정면승부 하자.

CHAPTER 4

안위하심

내가 사망의 음침한 골짜기로 다닐지라도
해를 두려워하지 않을 것은
주께서 나와 함께하심이라 …

누구도 피할 수 없는 사망의 음침한 골짜기

우리 인생에는 내가 해결할 수 없는 골리앗이 반드시 찾아
온다. 골리앗은 우리 삶에서 맞닥뜨리는 사망의 음침한 골
짜기와 같다.

오늘 눈을 감으면 내일 눈이 떠지지 않기를 바라는,
정말 죽고 싶은 그런 시간이 있다.

내 잘못이 아니고 억울하고 슬픈,
정말 내일을 꿈꿀 수 없는
이 사망의 음침한 골짜기는 누구도 피해갈 수 없다.

우리가 서로서로 바라보면 이 사람은 아무 문제가 없는 것 같고 저 사람은 어려움을 겪어본 적이 없어 보이지만 그들에게도 다 사망의 음침한 골짜기를 지나온 시간이 있다.

누군가를 알게 되고 깊은 대화를 나눠보면 고통 없이 살아온 사람은 한 사람도 없다. 정도의 차이는 있지만 이 세상을 살아가는 그 누구도 예외가 없으며, 한 번만 찾아오는 것도 아니고 여러 번 찾아온다. 산 넘어 산이라고, 이 산 넘으면 산이 또 기다리고 있다.

죄 많은 이 땅에서 사는 한,
그리고 특별히 믿음을 가지고 의롭게 살기 원한다면
반드시 이 골짜기는 존재하게 된다.

이 책을 읽고 있는 당신도 어쩌면 지금 사망의 음침한 골짜기의 시간을 보내고 있을지 모른다. 그러나 "여호와는 나의 목자시니 내게 부족함이 없으리로다"라고 고백하는 사람은 사망의 음침한 골짜기를 지나갈 수가 있다.

내 영혼을 소생시키신 하나님, 예수 그리스도의 십자가 보혈의 놀라운 역사를 통해서 우리를 살리신 그 하나님께서 우리를 사망의 음침한 골짜기에서 인도하여 내고 구원하시기 때문이다.

사망의 골짜기가 가두지 못하는 사람

다윗은 골리앗을 이겼다. 그러나 그때부터 광야의 시간이 시작되었다. 자신의 왕권에 문제가 생긴 것을 안 사울이 심히 분노하고 정신적 질환을 갖게 되었다. 사울은 자신을 도왔던 다윗을 죽이고자 하고 다윗은 그저 광야를 전전하며 도망 다녔다.

광야 엔게디는 혹독한 곳이었다. 그리고 다윗은 그 광야에서 시편을 쓰며 노래한다. 사망의 음침한 골짜기로 다닐지라도 해를 두려워하지 않을 것은 주께서 함께해주시기 때문이라고.

광야에서 다윗은 생존하는 방법을 터득하고 짧지 않은 십수 년을 살아간다. 자신의 부하들이 생기기도 하지만 대부분 자신의 목숨을 하나님께 의지하고 말씀대로 살려고 노력한다. 곤고한 시간에 하나님을 찾고, 외롭고 힘들어도 목자이신 여호와를 기억했다.

더 놀라운 것은 자신의 손으로 이 모든 고통을 해결할 수 있는 기회가 두 번씩이나 왔지만 하나님의 사람은 하나님께서 해결하신다고 손을 대지 않았다는 것이다.

이런 순간에 우리는 대부분 지금까지 기도한 것의 응답이라 생각하고 해결했을 것이다. 그러나 하나님의 사람들은 이때 경거망동하지 않고 하나님을 바라본다. 비슷한 일들을 하나님의 사람들에게서 볼 수 있다.

사도행전 16장을 보면 바울과 실라가 감옥에 갇혔는데 기도하고 찬송하니 그 한밤중에 감옥 문이 다 열린다. 감옥이 다 열려있으니 그 감옥을 담당하던 간수가 망연자실하여 자살하려고 하는데 바울이 말린다.

"우리 여기 다 있으니 그러지 마라."

간수가 너무 놀라 바울과 실라를 자기 집으로 초대하고 예수를 믿게 된다.

바울과 실라가 감옥에 있었지만 갇혀 있었는가? 감옥 문이 열려도 나가지 않은 감옥에 갇혀 있다고 말할 수 있는가?

감옥이 나를 가두는 것이 아니라 하나님 중심이 되지 못하는 나의 신앙이 나를 가두는 것이다.

더 나아가 밤새 기도했던 그들의 기도는 자신들의 석방을 위한 기도가 아니었다는 것을 알 수 있다. 당연히 감옥에 갇혀 있으니 석방을 위하여 밤새 기도했으리라 짐작하지만, 그들은 감옥이 열려도 나가지 않았으니 그런 기도를 한 것이 아니다.

가치관이 변화된 하나님 중심의 신앙은 세상을 따르지 않을 뿐 아니라 진정 세상에 진짜 믿음을 보여주며 다른 인생을 살아가는 것이다.

사망의 골짜기는 나의 목자를 드러내는 시간

사망의 음침한 골짜기는 문제가 아니다. 그 골짜기에서 벗어나려고 하는 방법들이 세상이고 사람이어서 문제가 되는 것이다.

　사망의 음침한 골짜기는 아무도 도와줄 수 없는 시간이

다. 세상 중심으로 반응하고 슬픔에 빠져 절망하거나 문제를 내 힘으로 해결하려고 하면 그 골짜기는 더 깊어진다. 도와줄 사람을 찾지 마라. 그 사람도 도움을 주는 것이 아니라 더 큰 절망을 줄 수도 있다.

지금 사망의 음침한 골짜기의 시간을 보내고 있다면 무조건 여호와 하나님이 나와 함께하심을 믿고, 아무것도 하지 말고 기도하며 기다려야 한다.

우리가 사망의 음침한 골짜기를 피해갈 수는 없지만, 그때 온전한 믿음이 작은 겨자씨만큼이라도 있다면 주님을 붙잡는다. 나의 힘으로는 이겨낼 수가 없기 때문이다. 그런 행동 자체가 우리에게는 놀라운 믿음의 연습이 된다. 가장 중요한 것은 상황이나 어떤 업적이나 어떤 간증이 아니라 믿음이다.

우리는 어떠한 일을 성취하는 것을 중요하게 생각하지만 '결과'는 어떠한 일에 대하여 하나님께서 하신 일이다. 그래서 하나님은 결과와 성취를 중요하게 보지 않으신다. 보지 않고 믿는 것, 그리고 믿음으로 걸어간 과정을 중요하게 보신다.

우리의 믿음은 평범할 때는 드러나지 않는다. 사망의 음침한 골짜기는 하나님과 함께해야 하는 시간이다. 나와 함께하고 나를 인도하시는 목자를 드러내는 시간이다.

인생의 과정을
하나님 중심으로 하나님을 의지하면서 가고 있는가,
아니면 내가 원하는 일로 오늘도 헷갈리고 있는가.

사망의 음침한 골짜기에서 다윗은 하나님께서 자신과 함께하심을 체험했다. 그것이 중요하다. 당신에게는 성경 누구와 함께한 하나님이 아니라 '나와 함께한 하나님'이 존재하는가?

하나님과 함께함을 추상적인 신앙고백으로 대신할 수 없다. 성경의 인물들에게 일어난 일로 나의 간증을 대신할 수 없다. 성경에 수없이 나오는 이야기가 나의 간증으로 이어지지 않으면 아무 소용없다.

평탄할 때는 신앙생활을 잘하는 것 같아도 고통의 순간에 무너지는 것은 나의 간증이 없기 때문이다. 자녀에게 믿음을 물려줘야 하는 이유도 사망의 음침한 골짜기를 대신

가줄 수 없기 때문이다.

사망의 골짜기 탈출하기

사망의 음침한 골짜기를 지나던 시간에 기도원으로 갔다. 사실 하나님과 싸우러 갔다. 집에서 싸워도 되는데 기도원에 가면 하나님과 좀 더 가까이 있는 것 같아서 기도원에 갔다.

"하나님, 어떻게 이럴 수가 있습니까."

기도를 시작했는데 하나도 은혜가 안 됐다. 그리고 하나님이 잘 들으시는 것 같지도 않았다. 불평이 나오고 온갖 생각이 다 들었다.

목사로서 하나님의 말씀을 전하는 시간이 그렇게 많았지만 어렵고 힘든 골짜기의 시간에 찬양도 잘 나오지 않고, 하나님이 좋지도 않고, 사람의 믿음이 참 별것 아니었다.

그런데 중요한 것이 하나 있었다. 내가 어떻게 하든지 간에 하나님께서 나를 버리지 않으시는 것이었다. 나를 딱 붙잡고 계셨고 정신을 들게 하셨다. '내가 너의 하나님이고 너를 선택했고 너와 함께한다'라는 것을 깨닫게 하셨다.

기도굴에서의 외침이 나에게는 '사망의 음침한 골짜기'의 탈출기였다. 평탄할 때 기도굴을 정기적으로 찾는 것도 좋겠지만 사실 사망의 권세가 나를 짓누를 때, 정신을 잃고 돌아버리고 싶을 때 피난처와 같은 곳이 기도굴이다.

나에게는 단어 그대로 기도굴이 피난처였다. 두 곳의 기도원에서 혼자 기도할 수 있는 기도굴은 나를 살리는 곳이었다. 어려서 한창 은혜받을 때 겨울에도 야외에서 눈을 치우고 무릎 꿇고 기도했던 시절의 뜨거움이 다시 살아나고 은혜가 살아날수록 나의 문제는 작아져 갔다.

주님께 집중하면 아무리 세상이 공격을 해도 괜찮았다. 그러나 기도굴에서 나오면 또 쉽지 않았다. 분노가 찾아오고 짜증이 났고 사람 사는 이 세상이 참 더러웠다.

한 번의 은혜로, 한 번의 뜨거운 기도로 살아나지 않는다. 은혜의 깊은 샘을 다시 회복하는 것이 가장 중요한 일이었다. 그리고 기도굴의 시간은 그 회복을 일으키는 마중물과 같은 곳이 되었다.

마음속의 문제는 하나님께서 해결하셔야 한다. 나는 문제가 깊을수록 사람에게 상담이나 만남이 큰 도움이 안 된다고 생각한다. 물론 정신질환일 때는 다른 문제이겠지만. 그러나 힘든 시기에는 우리 모두 정신질환자 같지 않은가?

하나님을 찾고 말을 줄이고 사람과 만남을 줄였다. 그리고 기도가 되든 안 되든 기도굴에서 지냈다. 그것이 나의 탈출방법이었다.

사망의 골짜기는 오히려 안전하다

내가 사망의 음침한 골짜기로 다닐지라도 해를 두려워하지 않을 것은 주께서 나와 함께하심이라

우리가 이 말씀을 들으면 아멘 하고 또 은혜도 받는다. 그런데 정말로 그것을 원할까? 여호와는 나의 목자시니 나를 붙잡아주시고 인도하시는 것은 좋다. 하지만 하나님께서 때로는 아주 어려운 데로 인도하실 때도 있는데 그것은 어떤가?

"사망의 음침한 골짜기로 '다닐지라도'"라고 쓰여 있다. 사

망의 음침한 골짜기를 차단해주신다고 쓰여 있지 않다. 우리는 이런 부분이 상당히 섭섭하다. 능력도 있는 분이 좀 알아서 차단해주시고 알아서 해주시면 좋겠는데 말이다.

이 구절에서 핵심은 "사망의 음침한 골짜기"가 아니라 "주께서 나와 함께하심"이다.

우리의 영적 상태가 가장 좋은 시기는 주님이 나와 함께하신다는 것과 주님이 나와 함께하셔야만 내가 살아날 수 있다는 것을 확신할 때인데, 우리가 그것을 간구하는 때는 대부분 "사망의 음침한 골짜기"의 시간이다.

다윗은 훗날 아무도 함부로 할 수 없는 당대의 강력한 왕이 되지만, 시편 23편은 그가 왕이 되고 나서 쓴 시가 아니다. 오히려 그가 도망을 다니며 그의 목숨을 연명할 때 도망가다 도망가다 갈 곳이 없어 골리앗의 고향까지 들어가서 침을 질질 흘리며 최악의 상황 속에서 하나님께 고백한 시이다.

　사망의 음침한 골짜기를 다윗은 안다. 골짜기의 깊이와

어두움과 절망함을 그는 누구보다 잘 안다. 그러나 고백한다. 그 골짜기 안에서 하나님만 함께하신다면 해를 두려워하지 않겠다고.

다윗은 광야의 그 어려움 속에서도 사울을 자신의 손으로 해결하지 않은 사람이었다. 자기 목숨이 위태로울 때, 자기 손으로 사울을 두 번씩이나 해결할 수 있었는데도 하나님의 사람은 하나님이 해결하신다며 사울에게 손을 대지 않은 사람이었다.

그런 다윗이 언제 죄를 짓는가? 왕이 되었을 때이다. 왕이 되어 평탄한 시간을 맞이하고, 자신이 나가지 않아도 전쟁에 이기고, 낮에 한숨 잘 수 있는 여유도 갖게 되었을 때 왕궁 옥상에서 슬슬 걷다가 한 여인이 목욕하는 모습을 보고 넘어져서 죄악에 무릎을 꿇는다.

상식적으로 생각해보라. 왕궁 옥상에서 민가의 그 여인이 잘 보였겠는가. 목욕하는 것 같기는 한데 잘 보여서 "우와, 진짜 예쁘다" 했겠는가. 그렇지 않은데도 그 정도만 해도 확 넘어가는 것이다.

그래서 가장 위험할 때는 사망의 음침한 골짜기에 있을 때가 아니다. 오히려 그 골짜기에서는 하나님을 찾을 가능성이 크다. 지금 고통 속에 있는가? 아무에게도 말 못 할 그런 아픔 속에 있는가? 그렇다면 지금은 괜찮다. 지금은 오히려 괜찮다.

우리가 가장 위험할 때는 내가 왕이 되었을 때이다. 여호와가 목자가 아니고 내가 왕이고 목자이고 주인 되었을 그때가 가장 위험하다.

평탄할 때 조심하라. 일들이 잘될 때 조심하라. 그리고 오늘도 양으로 살아가는지 확인하라. 양이 목자가 되려고 하면 나뿐만 아니라 양의 무리가 다 죽는다.

두려움과 불안을 이길 방법
감사와 만족

현대사회의 큰 어려움 중 하나는 정신적 질환이다. 불안과 두려움 속에 많은 사람들이 여러 가지 정신적 질환을 앓고 있다.

강신주 교수는 《감정 수업》(민음사)이라는 책에서 절망에 대해 이렇게 설명한다.

"희미하게 흔들리는 촛불처럼 존재하던 희망이 완전히 사라지는 순간 절망이 찾아온다. 미래에 대한 어설픈 기대 혹은 불안한 희망이 없었다면 우리는 그렇게 절망하지도 않았을 것이다. 그러니까 절망은 냉철한 이성을 가진 사람보다는 우유부단한 성격의 소유자에게 더 자주 찾아오는 감정이라고 할 수 있다. 비극적인 미래를 충분히 예측할 수 있는 상황이지만 가느다란 희망의 줄을 놓지 않으려는 사람이 있다."

그러나 그 희망의 줄이 나를 지켜주지 못하면 절망은 끝없는 추락으로 감당할 수 없게 된다.

세상에서 외쳐지는 희망을 손에 넣으면 두려움에서 해방될 수 있을까?

예전에 미국에서 인기리에 방영된 〈Lifestyles of the Rich and Famous〉라는 TV show 프로그램이 있다. 가장 유명하고 재산이 많은 사람들의 삶과 그들이 사는 집과 재산을 공개하는 프로였다. 부자도 그냥 부자가 아니라 어마어마한 사람들이 등장했다. 그러나 그 많은 것을 가진 사람 중에는 가족이 우울증과 불안함으로 목숨까지 끊은 비극을 경험한 사람들이 많았다.

세상은 우리의 희망이 될 수 없다. 흔들리는 촛불 같은 희망을 붙잡으려 하지 마라. 주님을 붙잡으라.

불안과 두려움은 불만족에서 시작된다.
감사와 만족은 두려움과 불안함을 이겨낼 힘이 된다.

사람들은 감사할 것이 없고 만족할 수 없는데 어떻게 감사할 수 있느냐고 하지만, 신앙고백은 상황 속에서 나오는 고백이 아니다. 감사와 만족은 오직 신앙으로 가능하다.

어느 목사님께 들은 예화이다. 정부에서 주는 기초생활비로 살아가는 할아버지 한 분이 계셨는데 항상 "감사하다"라는 말을 입에 달고 사셔서 그 분의 별명은 '감사 할아버지'였다고 한다.

하루는 교회에서 행사를 마치고 남은 돼지고기를 조금 싸 드렸다. 옛날이라 신문지에 싸서 드린 것 같다. 할아버지가 길을 가시다 그만 넘어지셔서 신문에 싸여 있던 고기가 흙에 묻어 못 먹게 되었다. 그때 할아버지가 하신 말씀, "고기는 떨어졌어도 내 입맛은 안 떨어졌으니 감사~"

아무것도 아닌 것 같지만 감사는 두려움을 이긴다. 불안하면 의지적으로 감사하라. 감정적인 감사를 느끼지 못할 때에도 의지적으로 하나님께 감사하라. 그 감사는 두려움을 이겨낸다.

하나님과의 동행

어렸을 때 동네마다 참 어둡고 무서운 골목들이 있었다. 해만 넘어가면 꼭 귀신이 나올 것 같고 혼자 걸어가면 뒤에서 누가 나를 잡을 것 같은 길이 있었다.

그러나 항상 똑같이 무서운 길이 전혀 무섭지 않을 때가 있다. 아버지와 함께 길을 갈 때이다. 그 길은 똑같이 어둡고 무서운데 아버지와 함께 가면 전혀 무섭지 않고 장난까지 치면서 집으로 갈 수 있다.

두려움과 불안함을 이길 방법은 상황의 변화가 아니다.

하나님과 함께하기를 작정해야 한다. 어렵고 힘들 때만 주님이 아니라 내 인생의 주인으로 섬기는 목자를 붙잡는 것이다.

나의 힘으로 두려움을 이기려 하다가 절망하게 된다. 매번 같은 자리에 돌아와 있는 자신을 찾게 될 때 절망한다. 사람은 강한 것 같지만 그리 강하지 않다. 어쩌면 계속 그냥 센 척을 하며 사는 것일 수 있다. 나는 너보다 센 것처럼 행동하지만 그 내면은 다 약하다.

독한 것과 강한 것은 다르다. 독한 사람들은 대개 악함으로 가득 차 있어서 그 에너지의 원천이 다르다. 이 세상을 살아가며 두려움과 불안함이 없을 수는 없다. 하지만 믿음으로 하나님을 붙잡고 살아가는 동행으로 이겨낼 수 있다.

하나님과 동행하는 연습을 하자.
작은 일까지도 마음으로 주님과 대화를 하는 것이다.
"주님 어떻게 하면 좋을까요?"
"주님, 저 힘듭니다. 힘을 좀 주세요" 등등…

더는 이 세상에서 나를 도울 힘을 찾지 말자. 조금은 바보스럽게 세상의 줄을 놓고 기도의 줄을 잡자. 기도 속에 거하고 내 뜻대로 안 되는 부분은 주님의 뜻이라고 받아들이자. 아픔을 주는 사람도 지금 나에게 허락하신 훈련이라고 받아들이자. 이해할 수 없던 직장 상사가 기도를 통해 조금씩 달라 보이기 시작하면 그만큼 성장한 것이다.

건강한 공동체

내가 해결할 수 없는 골리앗 같은 문제들이 다가올 때 혼자보다는 함께 기도하는 공동체와 함께하는 것이 필요하다. 아닌 척하지 않고 민낯 보여줘도 되는 공동체가 필요하다. 세상의 힘 있는 사람이 아니라 온전한 예배가 존재하는 건강한 공동체를 찾아야 한다.

세상은 혼자 사는 것이 아니다. 주님과 함께, 그리고 주를 믿는 건강한 공동체 안에서 살아야 한다.

세속화되지 않은 건강한 예배 공동체를 찾고 그곳에서 진짜 믿음 생활을 하여 두려움과 싸우자. 센 척 안 해도 되는 공동체를 찾고 그곳에서 가면 벗고 예배드리자.

그 공동체는 세상과 대항하며 하나님 중심의 가치관으로 살아갈 수 있는 에너지를 공급해준다. 예배가 복음적인지 세속의 모습은 없는지 확인하고 그 공동체에서 있는 그대로 살아라.

에리히 프롬(Erich Pinchas Fromm)은 그의 책《존재냐 소유냐》에서 존재에 대하여 이런 언급을 한다.

"존재는 '보이는 것'(appearing)과 대비시킴으로써 드러난다. 만약 내가 친절한 것처럼 보이지만 나의 친절이 착취성을 감추는 가면에 불과하다면 - 만약 내가 용기가 있는 것처럼 보이지만 실제로는 매우 허영심이 많고 어쩌면 자멸적인 성격이라면 - 만약 내가 조국을 사랑하는 것처럼 보이지만 실제로는 자기만의 이익을 중시하고 있다면, 외관 즉 나의 겉으로 드러난 행동은 나를 움직이는 진정한 힘과는 심한 모순을 이루고 있는 것이다."

교회가 가면을 쓰고 "나는 괜찮다, 행복하다, 은혜받고 있다"라고 말해야 하는 곳이 된다면 그것은 비극이다. 사망의 음침한 골짜기에서 찾아가는 교회마저 가면을 쓰고 괜찮은 척해야 한다면 그곳은 더 이상 공동체가 아니다.

가면 쓰지 말자. 아프면 아픈 대로 힘들면 힘든 대로 서로를 위해 기도하는 공동체를 만들어가야 한다.

목자는 양을 버리지 않는다. 주님은 우리의 목자이시고 우리는 양이다. 양이 가면을 쓰고 목자처럼 살면 안 된다. 양답게 양으로 살자.

우리가 더 귀하다

나는 돈을 많이 가진 사람들을 만나볼 기회가 종종 있었다. 그 분들은 자신의 돈이 얼마인지도 모를 정도로 돈이 많아도 항상 부족한 것이 많았다. 그렇게 돈이 많아도 난 이게 부족하고 저게 부족하고 힘들고 어렵다고들 했다.

이 땅에는 돈으로 해결할 수 있는 문제가 아주 많다. 내가 볼 때 세상 문제의 98퍼센트 정도는 돈으로 해결할 수 있다. 그런데 이것을 잊지 말라. 우리는 돈으로 해결할 수 없는 2퍼센트 때문에 죽고 사는 것이다.

돈으로 못 사는 행복, 돈으로 못 사는 평안, 돈으로 못 사는 기쁨, 돈으로 못 사는 능력… 돈으로 못 사는 그런 것들이 정말 중요하다. 그것이 없으면 돈이 아무리 많아도 불안할 뿐이다.

정말 귀한 것은 이 땅의 돈으로 살 수 없다. 신앙을 떠나서 생각해도 이 땅에서 정말 내가 귀하게 여기는 것은 돈으로 값을 매길 수가 없지 않은가.

이 땅의 것들이 나를 만족시킬 수 없는 까닭은 하나님께서 우리를 이 땅보다 귀하게 창조하셨기 때문이다. 그래서 이 땅은 나보다 귀하지 않으며, 이 땅의 것들로 우리가 만족할 수 없다.

··· 주의 지팡이와 막대기가
나를 안위하시나이다

나를 가로막는 지팡이와 막대기

4절 앞부분은 내가 사망의 음침한 골짜기로 다닐지라도 주께서 나와 함께하시니 해를 두려워하지 않는다는 고백이다. 여기까지는 좋다. 우리 마음에 쏙 든다.

그런데 그다음 부분은 천천히 곱씹어 읽으면 잘 이해가 되지 않는다. 이건 좀 아니다 싶고, 이 부분만 빼면 딱 좋을 것 같다.

주의 지팡이와 막대기가 나를 안위하시나이다

지팡이와 막대기가 어떻게 나를 안위할 수 있는가? 내가 어릴 때 우리 집에 '사랑의 매'라고 쓰인 각목이 있었는데 그것으로 맞으면서 사랑을 느껴본 적은 한 번도 없다. 우리는 맞는 것을 좋아하지 않는다. 그런데 지팡이와 막대기가 우리를 어떻게 안위하고 편안하게 한다는 것인가.

목자들은 아주 길고 끝이 구부러진 지팡이를 가지고 다녔다. 그 지팡이는 먼 유목의 길을 지탱해주기도 했지만 아주 유용한 다른 용도가 더 있었다.

양은 앞도 잘 보지도 듣지도 못하고 방향 감각도 없고 자기 힘으로 자신을 보호할 수 없지만 그래도 소신이 있다. 그래서 소신대로 각자 제 길로 간다. 양이 자신이 원하는 길로 계속 갈 때 목자는 일단 두고 보다가 안 되겠다 싶으면 긴 지팡이 끝을 양의 목에 걸어 다시 무리 가운데로 데려다 놓는다.

양의 입장에서 얼마나 기분 나쁜 일인가? 내가 햇살을 향해, 신선한 풀을 향해 소신껏 잘 가고 있었는데 갑자기 지팡이에 끌려 다시 무리로 돌아오게 되었으니 말이다.

신앙에서 가장 나쁜 것은 소신껏 행하는 것이다.
신앙에서 가장 못된 것은 자기가 중심되는 것이다.
신앙에서 가장 잘못된 것은 자기가 원하는 대로 사는 것
이다.
신앙에서 가장 타락한 것은 자기의 원함대로만 구하는 것
이다.

이 막대기와 지팡이가 없으면 양이 자기 마음대로 간다.
그렇게 가면 행복하고 좋을 것 같지만 그 길은 결국 죽음
의 길이다. 목자는 마음대로 가는 양을 지팡이와 막대기로
다룬다. 한 대 맞고 아야! 하며 양은 다시 본진으로 돌아
온다.

내가 어릴 적에 '사랑의 매'로 맞으면서 사랑을 느껴본 적
은 없지만 부모가 돼서 헤아리게 된 것이 있다. 아이를 혼
내며 종아리를 때릴 때가 있다. 그러면 아이는 맞고 들어
가서 잠을 자지만, 그날 밤 부모는 잠을 못 잔다. 마음이
아파서….
　하나님께서 우리를 그렇게 사랑하신다. 그래서 하나님

은 우리가 쉴만한 물가로 가기를 바라신다. 그 쉴만한 물
가와 푸른 풀밭이 우리가 생각하는 세상이 아닐 뿐이다.

하나님께서 우리를 그렇게 붙잡아주실 때가 많다. 내가
잘못된 길을 갈 때도, 하나님을 온전하게 섬기지 않을 때
도, 죄악에 있을 때도 주님은 우리를 붙잡아주셨다.
　나는 양이고 내가 어떤 길을 어떻게 가야 할지 잘 모르
는데, 여호와께서 나의 목자 되셔서 막대기를 사용하셔서
라도 우리를 이탈하지 못하게 하신다. 감사하다.

다윗은 안위하신다는 말로 자신의 감정을 표현한다. 감
사한 정도가 아니라 내가 안심되고 위로가 된다고 고백한
다. 내 꿈대로 내 계획대로 잘돼도 그게 하나님의 계획과
어긋나면 그것은 죽음이기 때문이다.
　기독교는 나의 소원성취에 의미가 전혀 없다. 오직 주의
뜻이 이루어지는 것을 목적으로 한다. 그래서 지팡이와 막
대기가 동원되더라도 반드시 하나님의 뜻이 이루어져야 한
다. 내 마음대로 길을 가는 것이 아니라 주의 길을 주와 함
께 가는 것이다.

그렇다. 예수를 믿는 것, 주의 길을 따르는 것은 나의 길로 가는 것을 포기하는 것이다. 내 생각과 내 계획으로 사는 것을 내려놓는 것이고 하나님의 말씀대로 사는 것이다.

내 마음대로 안 돼, 내 계획대로 안 돼, 내 꿈대로 안 돼, 내 뜻대로 안 돼… 때로는 아프고 참 쉽지 않다.

그러나 주께서 지팡이를 들어서라도 끝까지 나를 포기하지 않으신다면, 내 마음대로 안 되더라도 나는 절대 실패하지 않는다. 주의 은혜는 포기하지 않으심에 있다. 어떤 일이 있어도 하나님은 포기하지 않으신다.

하나님께서 구하시는 제사는 상한 심령이라 하나님이여 상하고 통회하는 마음을 주께서 멸시하지 아니하시리이다 **시 51:17**

이탈하고 싶을 때가 있다. 믿음이 땅에 떨어지고 온갖 의심으로 가득 찰 때가 있다. 하나님의 존재가 흔들릴 때도 있고, 하나님이 나를 사랑하시지 않는다고 느낄 때도 있다. 억울하면 더 그렇다.

속상한 일이 있을 때 나는 사람을 잘 만나지 않는다. 사람을 만나서 속상한 일을 말하면 대개 좋은 말을 안 하게 되고, 그러면 나중에 후회하게 된다.

그래서 속상하면 자연으로 간다. 서울 살 때는 양평도 가고 미사리도 갔다. 부산 살 때는 거제도와 통영, 남해가 이어지는 거가대교 쪽에 가곤 했다. 그렇게 나가서 하나님께서 창조하신 아름다운 자연을 보면 하나님의 위대하심을 느끼게 되고, 또 그 창조물보다 나를 귀하게 여기신 그 사랑이 느껴져 다시 힘을 얻곤 했다.

자신의 힘으로 길을 찾고 해답을 찾으려고 너무 애쓰지 마라. 어둡고 힘든 터널을 지나갈 때는 위대한 일을 하는 것보다 일상생활을 유지하는 것이 중요하다.

일상을 유지하는 것이 때로는 가장 위대한 일이다.

아침에 일어나고 씻고 일상을 유지하고 밥때 되면 밥을 먹

고 어느 정도 햇살도 맞으며 버티는 것이다. 시간이 조금
씩 지나고 그 혹독한 터널도 끝이 보이기 시작하며, 끝까
지 삶의 이탈을 막으시고 지팡이와 막대기를 사용하셔서
라도 지키시는 주께서 함께하고 계심을 느끼게 된다.

고통과 아픔보다 더 중요한 것은 주와 함께함이다. 나의
기도가 응답되는 것보다 내가 얼마나 주를 닮아가는가에
집중해야 한다.

　기도란 나의 필요를 주께 말하고 전지전능한 하나님께
서 그 말에 따라 응답하시는 것이 아니다. 우리는 거룩하
신 하나님의 뜻을 깨닫고 그 말씀을 순종하기 위해 기도하
며 나의 뜻을 내려놓는 작업을 해야 한다.

　내가 하나님을 기억하고 불안하여 근심하니 내 심령이
　상하도다 (셀라) 주께서 내가 눈을 붙이지 못하게 하시
　니 내가 괴로워 말할 수 없나이다 **시 77:3,4**

말이 중요하지 않다. 기도시간의 양이 중요하지 않다. 기
도가 잘 나오지 않을 때도, 아무 말도 할 수 없을 때도 주

를 붙잡는 것이다. 말씀을 붙잡고 버티는 것이다.

붙어 있어야 한다. 포도나무 가지인 우리는 무조건 붙어 있어야 한다. 그러면 산다. 다시 살아날 수 있다.

비전보다 계획보다 중요한 것

지팡이는 약함의 상징이다. 지팡이는 먼길을 걸을 때 쓰거나 연세 많으신 어르신들이 짚는, 우리의 약함을 커버해주는 도구다.

그런데 모세를 생각할 때 모세의 지팡이에서는 '약함'이라는 단어가 떠오르지 않는다. 오히려 모세의 지팡이는 능력의 상징이다. 주께 사용 받으면 약함도 강함이 된다.

성경은 어떤 특별한 사람의 신앙고백이 아니다. 성경에는 위대한 하나님의 이야기밖에 없다. 사실 성경에 나오는 어떤 인물도 위대한 사람이 아니다. 성경에 나오는 인물들은 다 그저 그렇다. 신구약 모든 인물이 그렇다.

그러나 위대한 하나님을 만나면 위대한 스토리가 진행된다. 연약한 우리의 삶도 주께서 사용하시면 되는 것이다.

시편 23편의 저자 다윗도 집에서조차 인정받지 못했던 막내였다. 그 당시에 선지자가 오는 것은 요즘으로 하면 대통령이 오는 것과 같은 일인데, 아버지가 형들은 다 때 빼고 광내서 세우면서 다윗에게는 나가서 양을 치라고 했다.

얼마나 불공평하고 열 받는 일인가. 나였으면 양 다 팔아먹고 가출했을지도 모른다. 웬만하면 불평했을 텐데 다윗은 그런 모습을 전혀 보이지 않고 순종하여 나가서 양을 돌보았다.

그는 단 한 번도 왕이 되고자 한 적이 없다. 왕이 되게 해달라고 기도한 적도 없고, 그런 꿈과 비전을 가진 적도 없다.

꿈과 비전보다 중요한 것은 순종과 충성이다. 성경을 보면 하나님은 단 한 번도 위대한 사람을 통해서 하나님의 일을 이루어 가시지 않았다. 순종하는 사람을 사용하시고 그 사람을 통해 일하셨다.

우리는 원하는 바가 마음에 다 있으면서 비전을 달라는 기도만 하지, 순종하고 충성하게 해달라는 기도는 별로 하지 않는다. 당신은 어떤가? 순종하는 사람이 되게 해달라고 기도하는가, 위대한 사람 되게 해달라고 기도하는가? 기도 제목이 세상의 가치로 가득 차 있지는 않은가?

대한민국 성도들이 열심히 구하는 기도가 하나 있다. 꼬리가 되지 않고 머리가 되게 해달라는 기도이다. 내 생각에는 교회에서 그래서들 싸우는 것 같다. 몸통도 있고 꼬리도 있어야 안 싸우는데 다 머리 되게 해달라고 기도해서 교회 안에 머리밖에 없으니까.

여호와 하나님께서 함께하신 다윗의 이야기는 우리의 이야기도 될 수 있다. 나의 목자가 여호와 하나님이면 일이 된다. '나는 누구인가'보다 '나의 주인은 누구인가'가 더 중요하다.

우리는 우리 힘으로 살아갈 수 없는 존재이지만 여호와는 나의 목자 되시니 그 목자가 인도하시는 대로 가면 된다. 내 생각대로 가지 말고 힘 빼고 목자가 인도하시는 대로 가면 된다.

미국에서 목사가 되어 목회할 때 내 꿈은 이민교회에서 좋은 1.5세 목사로서 이민 1세대와 2세대가 함께할 수 있는 좋은 교회를 하는 것이었다. 그런데 12살에 미국에 갔으니까 1세대를 이해하기 위해서는 한국을 좀 경험해봐야겠다는 생각이 들어 잠시 한국에 나왔다.

그게 2002년이었다. 3년 정도 생각하고 나왔는데 그 이후의 행보는 내 생각과 계획과는 상관이 없었다. 사는 곳, 사역하는 곳도 내 계획대로 되지 않았다.

그래서 사임 후 나의 모든 계획을 백지화했다. 깨끗한 백지가 되기로 했다. 물론 어떤 계획조차 하기 힘든 시기이기도 했지만, 주님을 만나는 시간까지 백지의 인생을 살기로 했다.

"백지이니 주님이 써내려가주세요."

오늘도 주님이 써내려가실 그분의 역사를 기대한다.

비전을 갖지 말라거나, 비전이 중요하지 않다거나, 오늘부터 계획하지 말고 살라는 말이 아니다. 원대한 꿈이나 계획보다 중요한 것은 하나님의 말씀을 그대로 받아들일 수 있는 믿음과 그 인도하심대로 살겠다는 결단이다. 비전과 계획보다 더 중요한 것이 순종과 충성이다.

내 계획과 내 생각보다 순종이 더 중요하다.
비전보다 위대한 꿈보다 순종이 더 중요하다.

지금 이 순간 만족하는 영성

하나님께서 완벽하고 능력 있는 사람을 원하시는 것이 아니다. 완벽하지 않아도 된다. 완벽할 수도 없다.

하나님께서 기뻐하고 원하시는 사람은 하나님을 사랑하고 하나님의 가치로 사는 사람, 순종하고 충성하는 사람, 그리고 만족하는 사람이다.

믿음 외에 다른 것을 구하지 않고, 영적인 것 외의 다른 것에 목매지 않고, 없으면 없는 대로 자족하는 것이 주님 앞에 가장 큰 기쁨을 드리는 것이다.

"하나님, 이 문제만 해결되면" 이렇게 기도하는 사람치고 그 문제 해결돼도 기도한 대로 하는 사람이 없다. 이제 "이것만 해결되면" 이런 소리는 그만하자. 그렇게 신앙생활하면 안 된다.

누가 오늘도 나의 인생에 만족하는가? 오늘 이 순간 만족할 때 만족하는 것이다.

내가 볼 때 가장 좋은 영성은 오늘 감사하고 만족하는 인생이다. 존 파이퍼(John Piper) 목사님은 "우리가 하나님 안에서 가장 만족할 때 하나님께서 우리 안에서 가장 큰 영광을 받으신다"라고 말했다.

우리나라가 얼마나 잘사는 나라가 되었는지 모른다. 웬만하면 하루에 세 끼를 먹고 산다. 중간에 간식도 먹고 밤에는 야식도 먹고, 먹고 나서는 후회하면서 밤에 나가서 막걷기도 한다. 입맛이 없어서 못 먹는 사람은 있어도 밥이 없어서 못 먹는 경우는 별로 없다.

선교지에서 만나는 분들 중에는 아직도 하루에 적정량의 식사를 하시는 분들이 별로 없다. 정기적인 식사도 문제지만 식사의 내용이 너무 부실하다.

우리나라도 참 가난한 시절이 있었는데 놀랍게 발전을 해서 먹을 것이 넘친다. 지금 이렇게 말해보기 바란다.

"이 정도면 됐다."

어떻게 해도 기쁘지 않은 사람이 있다. 해가 나면 얼굴에 뭐가 난다고 불평하며 다 가리고, 그럼 해가 안 나면 좋아야 할 텐데 날이 흐려도 우울하고, 비가 와도 우울하다. 한 번 사는 인생을 왜 그렇게 살아야 하는가.

정말 하나님께 감사하려고 마음먹으면 이 세상 모든 것이 다 내 것이 된다. 하지만 불평하기 시작하면 이 세상에 내 것이 하나도 없다.

감사하면 고난이 끝나고, 불평하면 고난은 끝이 없다.
감사하면 고통이 끝나고, 불평하면 고통은 끝이 없다.

여호와는 나의 목자시니 나를 푸른 풀밭에 누이시고 쉴만한 물가로 인도하신다는 확신이 있으면 지금 이 순간 감사하고, 일이 안 풀려도 감사하고, 하나님께서 나에게 허락하신 모든 상황을 감사할 수 있다.

CHAPTER 5

채우심

주께서 내 원수의 목전에서
내게 상을 차려주시고
기름을 내 머리에 부으셨으니
내 잔이 넘치나이다

하나님의 때에 하나님이 하신다

기름과 와인은 이스라엘에서 아주 중요한 음식이다. 올리브를 짠 기름과 포도를 잘 발효시켜 만드는 와인은 오늘 그저 하나님이 나에게 무엇인가를 주신다는 의미가 아니다. 기름과 와인은 하룻밤 사이에 만들어질 수 없다. 올리브와 포도를 키워 추수하고 숙성시키는 과정이 필요하다. 하나님은 모든 과정 속에 나와 함께하시는 것이다.

그분이 나에게 상을 차려주신다. 원수의 목전에서 상을 베풀어주시는 하나님을 기억한다.

다윗은 지금 광야에 있다. 언제 끝날지 모르는 고통스러운 광야의 시간이 계속되고 있지만, 그는 우리가 살면서 잘 할 수 없는 고백을 이어간다.

"하나님, 내 잔이 넘칩니다."

다윗이 얼마나 억울했겠는가? 그는 사실 잘못한 것이 없다. 왕이 되려고 한 적도 없고 기름 부어달라고 한 적도 없다. 기름 부음을 받은 후에도 단 한 번도 왕이 되려고 하지 않았다.

사울을 도왔고 전쟁터에서 골리앗을 이겼을 뿐 다윗이 지금 쫓기는 인생이 되어 광야에 있을 이유가 하나도 없다. 그 세월이 길어지면서 그의 마음에 원수 같은 인간들이 얼마나 많아졌을까?

영화들은 대부분 원수를 갚고 정의를 이루는 것을 테마로 잡는다. 더 악하고 더 세게 되갚아준다. 그러면 관객들은 대리만족을 하고 그 자리를 떠난다.

그러나 다윗은 그 원수의 목전에서도 하나님께서 나에게 상을 베푸실 것을 선포하며 자신의 손으로 그들을 해결하지 않을 것을 고백한다.

예수님은 용서하라고 가르치시고 몸소 용서의 삶을 살아내셨다. 원수를 사랑하라고 하셨지만 우리에게는 참 어려운 말씀이다.

그러나 적어도 원수를 주께 맡기고, 주께서 어떻게 하시든 상관하지 말자. 신경 쓰지 말고 하나님께 집중하자. 되갚아주고 싶은 사람이 왜 없겠는가? 그러나 상상 속에서도 되갚지 말고 내려놓고 주께 맡기자. 우리는 양이니까.

흔들림이 없는 하나님의 기준

다윗은 광야에서 두 번씩이나 사울을 끝낼 수 있었다. 우리 같으면 기도의 응답이라고 생각하고 끝낼 문제인데 다윗은 하나님의 사람은 하나님이 결정하신다는 믿음 아래 사울을 살려준다.

사울을 살려주고 하나님 앞에 옳은 일을 했으면 고통이 좀 끝나야 하지 않겠는가? 그러나 광야의 어려움은 더 깊어진다. 그러니 다윗이 사울을 끝낼 수 있었던 첫 번째 기회에 그를 보내준 것을 후회하지 않았을까?

때로는 좋은 일을 하고 올바른 일을 하고도 고통을 당한다. 더 심한 고통을 당할 때도 있다. 다윗은 흔들림이 없다. 그러나 두 번째로 사울을 손쉽게 해결할 수 있었을 때는 어떻게 참았을까?

첫 번째에 이것은 하나님의 영역이라고 생각했다면 두 번째 내 앞에 똑같은 상황이 펼쳐질 때 이것은 분명 하나님의 뜻이라고 생각할 수 있지 않을까? '내가 지난번에 하나님이 주신 기회를 잘못 알고 지나쳐버린 것이었구나'라고 생각할 수도 있다.

그러나 다윗은 그렇지 않았다. 자신의 상황 따위에 하나님의 기준이 흔들리지 않았다. 그것은 똑같은 일이 10번 반복된다 할지라도 동일했다.

하나님의 기준은 나의 감정에 환경과 상황에 의해 변하지 않는다. 수없이 많은 타협과 자기중심적 생각 속에 살아가는 이 시대에서 바라볼 때 두 번째에도 사울을 풀어주는 모습은 정말 대단하다.

하나님의 기준과 말씀은 흔들리지 않는다.

광야에서 죽더라도 하나님의 기준은 지켜져야 했다.
내 생각 속에서 일어나는 모든 타협은 불순종으로 이어진다.

다윗에게 하나님은 목자이시고 자신은 양이다. 그것이 확실했다. 목자 같은 양이 아니라 그냥 양이다. 양은 결정권이 없다. 인도하시는 대로 가는 것이다.

하나님의 말씀이 말씀하시는 대로 사는 것. 그래서 사울이라는 원수를 하나님께 맡기고 자신의 손으로 해결하지 않았다.

사람이 억울한 일을 당하거나 다른 사람의 악함으로 인해 아픔을 경험하면 그 감정을 회복하는 일이 쉽지 않다. 당사자의 사과를 받아도 쉽게 해결되지 않는다. 계속 그 일에 얽매여 살며 때때로 다시 기억나는 아픔으로 괴로워한다. 용서는 그래서 나를 위한 것이라고 말하는 것 같다. 내가 살기 위하여. 더는 분노와 증오로 살아가지 않기 위하여.

원수를 주께 맡겨라.

공의로우신 하나님께 맡기는 것이다. 그 상황도 하나님께 맡겨라. 마음에 드는 결과가 나오지 않아도 하나님께 맡기는 것이 중요하다.

성경에 두려움을 향하여 약속하신 말씀이 365가지나 된다. 그러면 매일 다른 말씀으로 하나님의 약속만 붙잡아도 원수 따위는 생각하지 않고 살아갈 수 있다.

고통 중에도 주를 바라볼 수만 있다면

자살률이나 우울증과 무기력증에 눌려 있는 사람들의 숫자가 놀라운 수준이다. 삶의 고통과 아픔들, 상처가 인생을 누르기 시작하여 그 누름이 숨 막히는 순간까지 이어진다. 숨을 쉬지 못하고 내 뜻대로 마음을 움직이지 못하며 감정이 땅과 하늘을 오고 간다. 고통은 늘 그렇게 우리를 누른다.

성경에서 고통, 하면 욥이다. 잘나가던 욥에게 일어난 고통의 순간 속에 "내가 정금같이 나오리라"라는 믿음의 고백은 어떻게 가능했을까?

다윗의 고백과 욥의 고백에서 가장 중요한 공통점은 상황 중심이 아니었다는 점이다. 그들은 하나님 중심으로 모든 것을 주인이신 하나님의 뜻과 합당한지를 보았다. 어쩌면 우리의 신앙생활 중 가장 어려운 부분이 아닌가 싶다.

창세기부터 요한계시록까지 전체 말씀 중에 가장 부러운 곳을 한 구절 뽑으라면 나는 욥기 1장 8절을 말한다.

사람들에게 성경에서 가장 좋아하는 인물을 물을 때 욥은 대개 등장하지 않는 인물이다. 그를 좋아하면 자신에게도 그의 고통이 올 것 같은 불길한 마음이 드는지 모르겠지만 대개는 욥을 선택하지 않는다. 그럼에도 불구하고 욥기 1장 8절은 너무나 부럽다.

본문은 하나님께서 천사들과 함께 계시는 곳에 사탄이 들어오는 장면이다. 얼마나 이런 일이 있는지 알 수 없지만 하나님은 어딜 그리 다녀오냐고 물으신다.

그때 사탄은 하나님께 자신이 두루두루 돌아다니다 왔

다며, 그토록 당신이 사랑하고 아끼는 사람들이 다 하나
님을 섬기지 않고 세상을 섬긴다고 당당하게 말한다. 그때
하나님께서 하시는 말씀이 1장 8절이다. 그리고 사무치게
부럽다.

여호와께서 사탄에게 이르시되 네가 내 종 욥을 주의하
여 보았느냐 그와 같이 온전하고 정직하여 하나님을 경
외하며 악에서 떠난 자는 세상에 없느니라

사탄 앞에서 말씀하실 수 있는 그 한 사람.
시대마다 그런 사람이 필요하다.

다윗은 자기 손으로 원수를 해결하지 않았다.
욥은 하나님께서 사탄 앞에 자신 있게 제시할 수 있는 카
드였다.

그들의 공통점은 상황 때문에 원수 때문에 무너지지 않는
믿음이다. 모든 사람이 다 무너질 것 같지만 그렇지 않은
믿음의 사람들이 존재한다. 다 원망할 것 같지만 그렇지

않은 사람들이 존재한다.

**깊은 기도의 열매는 나의 믿음의 변화이지 상황의 변화
가 아니다.**

물론 하나님은 상황도 질병도 문제도 해결하시는 분이시
지만, 하나님께서 사탄 앞에 제시할 수 있는 믿음의 사람
은 문제를 바라보는 데서 천국의 소망으로 눈을 드는 사
람이다. 이 시대에 하나님께서 제시할 수 있는 믿음의 사람
이 되자.

원수에게 붙잡혀 지내지 마라. 억울할 때는 분노가 솟는
다. 그 분노는 독약이 되어 나의 영적 감각을 마비시킨다.
　원수에게서 눈을 돌리고 나와 동행하시는 예수의 손을
잡으면 똑같은 상황에서도 찬송이 나오기 시작한다.

다윗이 이렇게 고백한다.
　"내 잔이 넘치나이다."

잔이 온전해야 채워진다

잔이 넘치려면 두 가지 일이 있어야 한다. 잔에 뭔가가 부어져 채워져야 하고, 채울 잔이 있어야 한다.

부어져야 하는 부분은 주께서 주시니 문제가 없다. 하나님은 항상 우리에게 넘치는 은혜를 주신다. 더 중요한 것은 잔의 상태이다. 잔은 나의 상태를 가리킨다. 내 잔이 넘치려면 내 잔이 온전해야 한다.

우선, 내 잔이 너무 작으면 폭포수 같은 주님의 은혜를 받아낼 수가 없다. 작은 잔을 폭포 밑에 갖다 놓으면 물이 다 튕겨 나가서 잔에 담기지 않는다. 말씀을 붙잡고 살면서 자신의 그릇을 키워가야 한다.

두 번째로, 잔이 깨져 줄줄 새면 따라주시는 것을 받을 수 없듯이 마음이 상하고 깨어지면 은혜를 받을 수 없다.

시험에 드는 것도 이러한 경우이다. 교회에서 아무리 열심히 사역하고 신앙생활 해도 시험에 들면 약도 없다. 우리는 꼭 사람하고 문제가 생기곤 하는데, 시험에 들면 예배도 힘들어지고 신앙생활도 힘들어진다.

교회는 외부의 강력한 핍박에는 강하다. 정작 교회를 흔드는 것은 교회 안의 수군거림이다. 수군거리는 것들이 얼마나 악한 사탄의 역사인지 모른다.

누가 뒤에서 수군거리는 말을 하면 나한테 그런 소리 하지 말라고 차단하라. 그 사람과의 관계 때문에 들어주면 수군거림은 계속된다. 수군거림을 끊는 그런 의로운 사람들이 있어야 교회가 산다.

시험에 든 사람은 하나님 앞에서 몸부림치고 회개함으로 그 시험에서 벗어나지 않으면 신앙생활을 온전하게 할 수가 없다. 운동의 기본은 힘 빼는 것인데 영적 생활도 마찬가지이다. 힘을 빼고 나는 죽고 주님이 사셔야 마음이 상하지 않는다.

내 잔이 넘친다고 고백하려면 시험에 들지 말아야 한다. 그래서 예수님은 시험에 들지 않게 해달라고 기도하고(마 6:13), 시험에 들지 않게 깨어 기도하라(마 26:41) 하셨다.

세 번째로, 잔이 깨져 있다는 것은 주님이 원하시는 인생을 살지 않아 하나님과 나의 관계가 무너짐을 의미한다. 죄를 짓고 내가 원하는, 그러나 하나님께서 원하지 않으시는 삶을 살면 하나님과의 관계가 무너져버린다.

관계가 무너져 내 잔이 깨지면 하나님께서 아무리 은혜를 주셔도, 내가 아무리 은혜의 장소에 있어도 은혜를 받을 수 없다. 다른 사람이 다 은혜를 받아도 내가 하나님과 온전치 못하면 나는 못 받는다.

하나님 앞에서 온전한 가치관과 온전한 생각, 온전한 태도로 하나님의 말씀, 하나님의 음성을 듣고 하나님께서 원하시는 삶을 살지 않으면 예배를 드려도 그 안에 하나님의 임재가 없다.

교회도 하나님의 은혜를 담을 수 있는 그릇이 되지 못하면 영적으로 깨진다. 놀랍게도, 예배를 드린다고 그 예배가 다 하나님께서 임재하시는 예배가 되는 것이 아니다. 교회는 교회다워야 한다.

우리의 잔이 넘치는 역사가 있기를 바라고 축복한다. 그것은 하나님의 은혜가 있다는 것이고 내 삶이 온전하다는 뜻이기 때문이다. 온전하다는 것은 완벽하다는 것이 아니다. 나는 주님의 양으로 살기로 했다는 것이다.

깨어진 마음과 아픔들은 온전한 예배가 세워져야 해결된다. 예배를 그저 앉아서 듣는 것은 할 수 있으나 하나님께 올려지는 제사로 드리기는 쉽지 않다.

예배를 위하여 얼마나 준비하는가?

당신의 예배는 온전한가?

책임감으로 예배드리지 마라. 교회를 사역과 관계에 묶여서 다니지 말고 예배자로서 살 수 있는 곳에서 예배를 우선으로 해결하는 것이 맞다. 예배를 위해 준비하고 우선순위로 세워서 최선을 다했는데 은혜를 못 받고 헤매고 있다면 빠르게 예배를 찾는 것이 중요하다.

　그러나 자신의 준비는 어떠한지를 먼저 확인하자. 아무 준비 없이는 예배가 은혜가 될 수 없다.

나는 목회하면서 예배 끝나고 성도들이 오가는 것을 볼 때마다 늘 마음에 큰 부담을 느꼈다.

　'주님, 저 귀한 성도들의 삶 속에 정말 몇 퍼센트가 정말

로 주님을 오늘도 만나고 붙잡고 집에 가고 있나요?'

혹시 예배를 찍고 가는 것은 아닐까. 예배를 안 드리면 좀 그렇고, 직분도 있고, 교회를 다닌 세월도 꽤 되고 하다 보니까 찍고 가는 느낌으로 예배 출석하는 것은 아닐까. 정말 하나님 앞에서 예배의 임재를 고민하고 있을까. 정말 이 예배가 하나님 앞에 드려지는 예배이고 각자의 인생이 하나님의 것일까. 그래서 매주 그것이 나의 기도 제목이었다.

예배를 영화 보듯이 보고, 예배 후에 "아, 오늘 예배 좋았습니다" 하고 가는 분들이 있다. 나는 그 말이 이 영화 잘 만들었다는 말처럼 들린다.

사실 예배는 좋은 느낌보다는 불편함을 주어야 한다. 우리는 하나님 앞에서 죄인으로서 자신이 앉은 그 자리가 불편해야 한다. 오늘 들은 말씀에 내 삶을 비춰볼 때 '내가 또 이렇게 하나님과 어긋나고 있구나' 깨달아져서 초점을 다시 맞추어야 한다.

찰스 스펄전(Charles Haddon Spurgeon) 목사님은 "때로는 우리가 말씀을 듣는 자리가 이 세상에서 가장 불편한 자리여야 한다"라고 말씀하셨다. 진리가 선포되면 그 자리가 쉽지 않다.

뼈를 맞춰도 우두둑우두둑하면서 아픈데 예배시간은 내가 영적으로 맞춰지는 시간이 아닌가. 그것이 이루어지고 있는가? 눈물 흘리고 회개하여 내 마음에 새롭게 다짐을 하고 나아가는 시간인데 가볍게 표현할 수 있겠는가.

복음은 우리를 송두리째 변화시킨다. 그 변화가 없으면 다시 무릎 꿇고 신앙생활을 처음부터 시작해야 한다.

휴대폰을 충전하듯이 주일예배를 통해서 영적으로 강력해져서 세상과 승부를 걸 수 있는 하나님의 군사가 되어가기를, 우리 삶 속에서 그 예배의 감격과 은혜의 통로가 막히지 않기를 원한다.

깨어진 잔과 같은 인생에서 회복의 역사를 경험하면 누구든지 "내 잔이 넘치나이다"라고 고백할 수 있다. 깨어진 잔이 회복되어 그 잔이 넘치게 되고, 목자를 만나 평안을 누리는 양으로 살아가는 진짜 믿음을 가지면 두려움에서 벗어나게 된다.

이 땅의 화려함과 돈과 명예에서 벗어나면 진정한 하늘의 평안을 누리게 되고, 하늘의 평안을 붙잡으면 더 이상 이 땅의 것으로 목마르지 않게 된다. 가치관이 바뀌고 세상을 보는 눈이 바뀌고 말씀을 받는 태도가 바뀐다.

끝까지 의의 길을 걷는 그루터기 성도들

예수 믿는 것은 의의 길을 걷는 것이다. 누구든지 주 예수를 믿으면 그 길을 걸을 수 있게 해주셨다. 그러나 믿음으로 세상을 버리고 끝까지 의의 길을 걷는 성도의 삶이 얼마나 되는가?

그 길을 걷기가 어렵기 때문에 이 땅에 하나님의 사람들의 공동체인 교회를 세워주셨다. 그런데 그 교회가 타락하고 세상의 가치관으로 가득 찬다면 그것처럼 슬픈 일은 없다. 회개하자. 그리고 회복하자. 회복된 잔으로 주께서 주시는 은혜로 가득 찬 잔을 높이 들고 "내 잔이 넘치나이다"라고 고백하자.

마지막 시대에는 진정한 의의 길을 걷는 그루터기와 같은 성도들이 있다. 누가 뭐라고 해도 그 의의 길을 끝까지 걷는다.

"예수 너 혼자 믿냐?"
"꼭 그렇게까지 믿어야 되냐?"

이런 말들이 불신자들에게서 나오지 않는다. 다 성도들, 직분자들의 입에서 나오는 말이다. 부끄러워하지도 않는다.

고3 내내 주일예배를 안 나오고 학원 다녀서 대학에 들어가면 모두에게 축하를 받고, 예배 열심히 드리고 대학 떨어지면 죄지은 죄인처럼 부끄러워한다. 좋은 대학에 들어가면 신앙의 상태에 관한 이야기는 전혀 없이 자랑을 한다.

신앙 없이 좋은 대학을 가고 또 좋은 직장을 가서 승승장구하면 앞으로 신앙을 가질 확률이 좋아지는가? 그렇지 않다는 것을 다 알아도 교회 안에서 이런 자녀를 둔 부모에게 하나님의 축복을 받았다고 말한다. 얼마나 우스운 일인가? 정말 천국과 지옥을 믿는 사람들인가?

의의 길은 타협할 수 없다.

이 길을 걸어야 내 잔이 넘치는 은혜를 경험할 수 있다.

세상을 향한 교회로 사는 영향력 있는 신앙의 모습은 '만족'이다. 잔이 넘침을 고백하는 삶이다. 교회는 세상에서 하나님의 비밀을 외치는 소명이 있다.

세상의 시선에는 행복을 향한 갈망이 있다. 그러나 그들은 꿈도 꾸지 못하는 단어가 '만족'이다.

세상은 만족이 없다. 아무리 많이 가져도 만족이 없다. 이 땅의 아무리 많은 것을 가져도 인간은 절대 만족할 수 없다.

가지고 가져도 만족이 없자 미니멀라이프(minimal life)에 대한 욕구가 나타나기 시작했지만, 미니멀라이프에도 주님 없이는 만족이 있을 수 없다.

만족은 주님에게만 있다.

양은 목자와 함께 있으면 된다. 그저 그와 함께만 있다면.

그래서 내 잔이 넘치는 은혜를 찬양할 수 있다.

목자는 가장 약한 양까지 책임지고 목적지까지 인도한다. 긴 여행이다. 풀과 물을 향해 며칠씩 계속해서 유목하면서 지쳐가도 목자의 눈은 양들을 향하고 있다.

99마리의 양들이 다 집에 도착해도 목자는 잃어버린 한 마리의 양을 찾아 다시 일어나 허리띠를 맨다. 10일 가까운 유목 여정 중 어디서 잃어버렸는지도 모르는 그 양을 찾아 일어선다.

그 양은 아마도 그 양무리 중 가장 약하고 병든 양일 것이다. 그러나 목자는 일어나 찾아 나선다고 말씀하셨다. 그것이 예수님의 마음이다. 우리를 향한 예수님의 마음.

그러니 어제의 고통으로 오늘을 보내지 말고,
오지 않은 내일의 고통을 미리 걱정하지 마라.

어제는 지나갔고
내일은 아직 오지 않았고
오늘이 최고의 날이다.

여호와는 나의 목자시니 내게 부족함이 없으리로다.

정말로…

지금 이 시간 그렇습니다.

예수님으로 내 잔이 넘치나이다.

예수님으로 충분합니다.

아니요, 넘칩니다.

CHAPTER 6

동행하심

내 평생에 선하심과 인자하심이
반드시 나를 따르리니
내가 여호와의 집에 영원히 살리로다

광야에서의 갈망

광야는 혹독하다. 낮의 그 뜨거움은 밤에 차가움으로 변하고 한시도 편안함을 주지 않는다. 광야 속에 도망자로 사는 인생에서 집은 도피처이며 안식처를 의미한다.

중동에 가면 끝없는 사막을 경험할 수 있다. 도와주고 안내해주는 사람이 있으니 그곳이 아름답고 신기하지, 만약 그곳에 홀로 남겨져 있다면 지옥과 같을 것이다.

그러나 광야에 유익이 있다. 아무 소리도 들리지 않는 광야에서 조용히 한 시간 정도 앉아 있으면 그때부터 그전에 내 귀에 들리지 않았던 소리들이 들리기 시작한다.

그렇다. 광야는 세상의 소리로부터 멀어지고 하나님의 음성을 들을 수 있는 가장 좋은 자리이다. 지금 광야의 시간을 지나고 있다면 하나님의 음성을 들어야 한다.

조용하고 고요한 시간에 하나님의 음성만 들리는 것은 아니다. 내 생각, 사탄의 공격 등 여러 역사가 있다. 그러나 하나님을 주인으로 섬기는 결단으로 목자를 붙잡으면 그분이 말씀하신다.

광야의 고요함이 하나님을 알게 해준다.

광야의 시간 속에서 다윗은 분노하거나 원망하지 않았다. 침을 질질 흘리면서까지 자기 목숨을 연명해야 하는 상황에서도 그는 목자를 의지하고 신뢰했다.

그 신뢰는 절대적이었다. 자신이 목동 시절 양들을 돌보았듯이 주께서 목자이시고 자신은 목자를 신뢰해야 사는 양이라는 것을 잊지 않았다. 그리고 이 땅의 고통을 끝으로 생각하지 않고 영원한 하나님의 집을 바라보았다.

광야의 시간을 허비하지 마라.

남을 탓하고 억울해하고 분노하며 시간을 허비하지 마라.
그 시간에 하나님을 찾아라.

나는 선한 목자라 선한 목자는 양들을 위하여 목숨을
버리거니와 요 10:11

상황이 이해가 안 되더라도 따라야 한다.
어렵고 힘들더라도 따라야 한다.
양은 자신의 길을 개척해서 홀로 걸어가면 죽는다.
자신을 보호할 수 없다.

우리의 종착역은 이곳이 아니다. 세상을 바라보던 눈을 감
고 천국을 바라보는 눈으로 다시 뜰 때, 광야는 그 혹독함
이 그대로 존재하지 않는다.
　어디를 바라보고 있는가? 세상을 바라보면서 세상에서
오는 광야를 이겨낼 수는 없다.

구원으로 이 땅에서 천국이 시작된다

하나님은 선하고 인자하시다. 우리의 구원은 그분이 선하
고 인자하시기 때문에 가능하다. 우리의 삶 속에 하나님의
선하심과 인자하심이 항상 나타나 여호와의 집에 영원히
사는 역사가 있기를 소망한다.

다윗은 6절의 고백 속에서 나의 환경과 감정을 따르지
않고 그분을 따르겠다고 다시 한번 다짐하며 여호와의 집
을 소망한다. 여호와의 집은 천국이다. 영원히 거할 곳은
여기가 아니라 천국이다.

우리는 천국의 시간을 믿는 성도들이다. 천국은 반드시 존
재하며, 지옥도 존재하는 영원의 공간이다.

우리는 천국을 소망한다. 이 땅에서의 모든 것은 천국
을 향한 준비이고, 그래서 이 땅에서 얼마나 더 많은 것을
누리고 있느냐보다 얼마나 더 많은 것을 드리느냐가 중요
하다.

그러나 우리는 "마지막 시대를 살고 있다", "주님이 곧
오실 것이다" 말하지만, 그때가 정말 온다고 생각하지 않
는다. 그렇게 생각했다면 이렇게 살지 않는다.

이 땅의 가치가 무슨 의미가 있겠는가? 천국에서 이 땅에서 이룬 것들로 평가될 것 같은가? 돈이 무슨 힘을 가질 수 있는가?

그러나 천국은 죽어서 가는 곳만이 아니다.
예수를 믿으면 죽어서 천국 가는 것이 아니다.
예수를 믿으면 완전하지 않아도 이미 천국이 시작된다.

"주 예수와 동행하니 그 어디나 하늘나라"라는 찬송과 같이, 주님을 믿으면 천국이 시작된다. 이미 시작된 천국이 아직 완벽하지는 않지만, 주님과 동행하며 천국의 맛을 보며 살게 된다.

"여호와는 나의 목자시니 내게 부족함이 없으리로다"는 천국의 언어이다. 이미 천국을 경험하기 시작한 주님의 사람들이 여호와 한 분만으로 감사하고 만족하는 찬양이다.

이 고백은 이 땅에서 천국을 경험하게 해준다. 그리고 그 천국을 더욱 소망하게 한다. 더 이상 세상 가치에 목숨 걸지 않고 천국에 소망을 두며 살아가게 한다. 세상에 집착하면 절대 여호와의 집에 관심을 가질 수가 없다.

천국에 나의 집이 존재하는가?

오늘 죽으면 나는 천국에 갈 수 있는가?

"여호와는 나의 목자시니 내게 부족함이 없으리로다"라고 고백할 수 있다면, 예수 그리스도가 나의 주인이심을 확신한다면 더 이상 걱정할 필요는 없다.

그 주인 되심은 가치관으로 다 드러난다. 교회에서 봉사 많이 하고 인격적으로 훌륭하여 많은 사람에게 인정받아도 그것은 천국의 집을 확보해주지 않는다. 하나님 중심으로 주 예수보다 더 귀한 것은 없는 삶을 살아야 그 신앙을 진짜 믿음으로 드러낼 수 있다.

구원의 기쁨은 밭에서 찾은 보화를 경험하는 것이다. 예수가 누구인지를 알며 천국과 지옥을 믿는 것으로 끝나는 것이 아니다. 잃어버린 것을 찾는 것이며 보화를 밭에서 찾아 그 땅을 모두 소유하는 것이다.

구원의 기쁨은 반드시 성화의 부르심으로 이어진다. 주님을 알고, 닮고, 붙잡고 살고 싶어진다. 그렇게 좋던 세상 것들이 더는 큰 재미를 주지 못하고, 예배와 찬양 속에 깊은 만지심을 갈망하며 살게 된다. 그리고 세상의 것에 마음이 비워지며 그곳에 예수 그리스도로 충만케 된다.

그래서 "여호와는 나의 목자시니 내게 부족함이 없으리로다"라는 고백은 구원의 기쁨으로부터 시작된다. 구원의 기쁨과 예수의 성품을 닮아가고 싶은 마음이 충만해지면서 세상은 어느새 마음에서 자리가 없다.

천국 신앙으로 살아가는 사람

하나님의 사람이 진짜 믿음으로 살면 그 자리에서 하나님의 임재가 드러난다. 예수를 안 믿는 사람들도 그 임재에는 눈을 뜨며 질문하기 시작한다.

우리는 어떻게 하면 그 길로 걸어갈 수 있을까?

이 땅 어느 누구도 지옥에 가고 싶어하지 않는다. 그러나 확신 있게 천국을 외치는 인생을 사는 삶을 만나기가 쉽지 않다. 의의 길로 걷는 모습을 보여주어야 하는데 교회 다니는 사람들이 가장 악랄하고 지독하다는 소리를 듣는다.

그것은 종교적인 신념으로 세상 가치를 따르는 인간의 모습이다.

집과 관련해 두 가지 옵션이 있다고 하자.

A : 3일 동안 초가집 살고 나면 평생 좋은 집에 살 수 있다
B : 3일은 진짜 좋은 집에 살고 그다음부터는 초가집에 산다

대부분 3일을 악착같이 참지, 화려하고 좋은 곳에 3일 살자고 평생 초가집 사는 옵션을 택하는 사람은 없다.

그런데 우리가 천국을 향해 살지 않는다면 그것은 초가집에 머물기 위하여 영원히 하나님의 집을 포기하는 것과 마찬가지이다. 천국 신앙은 이 땅의 고통을 해결해주고, 이 땅에서 살아가야 하는 사명을 더해준다.

천국을 선포하자. 그리고 천국의 모습을 보여주자.
예수가 주인이실 때 이루어지는 천국을
말이 아닌 삶으로 보여주는 진짜 성도가 되자.
세상을 비우고 하나님으로 채우자.

그런데 이런 소리를 하는 분들이 있다.

"저 같은 죄인이 천국만 가면 되죠. 저는 상 같은 것 필요 없어요."

그것은 겸손이 아니라 무지이다. 이 땅에서 집 사고 집 넓히면 그렇게 좋아하면서도 천국에 있는 나의 집에 대해서 고민하지 않고 천국에서 받을 나의 상급에 대해서 고민하지 않는다면 그것은 겸손이 아니다.

저녁상을 잘 차려놨는데 남편이 전화하여 급한 일이 있어서 못 들어간다고 하면 얼마나 속이 상하겠는가. 그 조그만 식탁에 있는 음식만 조금 잘 차려놔도 그런데, 하나님은 어떠시겠는가?

창조의 하나님, 능력의 하나님께서 마음먹고 상을 준비하셨다. 우리는 하나님께서 지으신 이 자연만 봐도 놀랍고 놀라운데 그 하나님께서 우리에게 주시려고 마음먹고 상을 준비하셨다. 그런 하나님께 "저는 천국에 들어온 것만으로도 감사합니다. 이 상은 필요 없어요" 하는 것은 무지함이다.

오늘부터 우리의 목표는 여호와의 집에, 하나님께서 준비하신 상급을 향하여, 푯대를 향해 달려가는 것이다.

목회할 때 보면 임종 예배까지 드리고 거의 다 돌아가신
분을 연명치료로 살려내고 또 살려내고 하는 경우가 있다.
사실 그러면 산 것도 죽은 것도 아닌 상태이지만 자녀들
입장에서는 치료를 중단할 수 없다.

예수 잘 믿은 권사님이면 내가 가족을 다 모으고 이제
치료 그만하라고 한다. 그리고 그 권사님 손을 잡고 "권사
님, 천국 가요. 예수님 기다리고 계시니까 천국 가요. 천국
에서 만나요" 하면 그 분이 아무 말 없이 내 손을 꽉 잡는
다. 고맙다는 것이다. 그러고는 24시간 안에 주무시는 것
같이 편안한 얼굴로 천국에 가신다.

예수 믿는 사람에게는 그렇게 할 수 있다. 예수를 믿으
면 살아도 좋고 죽으면 더 좋으니까. 하지만 예수 안 믿는
사람에게는 그렇게 못 한다. 그들에게 죽음은 절망이기 때
문이다.

목사로서 사역하면서 가장 보람 있는 시간은 장례를 집례
할 때이다. 예수를 잘 믿고 돌아가신 분의 장례식은 부흥
회이다.

어떤 사람도 죽음 앞에서는 교만할 수 없다. 고인의 믿음을 확실하게 말할 수 있는 장례는 천국과 지옥을 강력하게 선포할 기회이다. 그래서 겸손히 모여 경청하는 성도들 앞에서 강한 메시지를 전할 수 있다. 그리고 그 메시지는 천국 소망으로 유가족들에게 가장 큰 위로가 된다.

그런데 가장 어려운 장례는 불신자의 장례가 아니다. 오히려 교회를 다니기는 했으나 그의 믿음에 대하여 어떤 확신도 가질 수 없을 때이다.

물론 어떤 사람의 믿음을 우리가 판단할 수는 없지만, 확신 없는 믿음은 죽은 후에도 문제가 된다. 장례에서 할 말이 없기 때문이다. 천국과 지옥을 강하게 선포하지 못하는 장례는 그냥 장례식일 뿐이다.

그래서 나는 교인들에게 항상 이런 부탁을 한다. 여러분의 장례식에 목사가 할 말을 달라고. 장례를 인도할 때 "이분은 사업을 이렇게 하셨고 이런 업적이 있고…" 그런 것 말고, "적어도 제 목회 안에서 이분처럼 주님을 사랑한 사람은 없습니다. 적어도 제가 아는 이분처럼 주님을 붙잡고 산 사람은 없습니다" 이런 말을 할 수 있게 해달라고.

우리의 장례식이 부흥회가 되기를 소망한다. 헤어짐의 슬픔은 존재하더라도 절망이 아닌 천국의 소망으로 이어지는 장례가 되기를 바란다. 마지막 가는 길까지 많은 이에게 확신을 주지 못하는 인생은 되지 말자.

이런 이야기를 들은 적이 있다. 선교사 한 분이 열심히 사역했던 한 부락에 나중에 다른 선교사가 들어가 복음을 전했다고 한다.

그가 열심히 예수를 전하였더니 원주민들이 우리는 이미 그 사람을 안다고 했다. 그리고는 그 선교사를 데리고 먼저 왔던 선교사의 무덤 앞으로 가서 "그 사람이 여기에 묻혀있다"라고 했다는 것이다.

내가 천국에 간 후에 나의 믿음에 대한 평가는 어떠한 것일까? 세상 중심으로 살다 세상 욕심과 자신의 과욕 속에서 살다 죽은 인생으로 비춰진다면 그것은 가장 실패한 인생이다.

천국을 소망하면 고통에 대한 반응도 달라진다

주님이 말씀하셨다.

"길가에 피는 꽃과 들풀도 다 내가 키운다.
너희는 그것보다 귀하지 않니?"

하나님의 사람은 교만하지 않은 자부심은 있어야 한다.
하나님이 우리의 목자이시다.
우리의 대장은 하나님이다.

기도굴에서 하나님은 상황에 대한 말씀을 주지 않으셨다.
단 한 번도 상황의 변화를 약속해주지도 않으셨다.

"상황 보지 마라. 나를 봐라."

상황은 변화되지 않았지만 기도하면 할수록 내가 변화되
어갔다. 생각이, 시선이, 내 마음이 변화되기 시작했다.
'대장은 하나님이시지. 어차피 드려진 인생인데…. 무엇을
걱정했나…'

분노가 사라져갔다.
억울함이 눈 녹듯 사라져갔다.

기도가 깊어질수록 하나님만 보였다.
더 이상 아무것도 중요하지 않아졌다.

영원한 곳을 약속받은 주님의 사람답게 살자.
적어도 고통에 대한 반응이 세상 사람과는 다르게 살자.

힘들다. 죽도록 힘이 든다.

기도굴을 찾아 들어가서 평안할 때까지 기도하자.
기도를 도구로 가지고 있지 말고 기도를 하라.
아무 말도 안 나오는 고통의 시간에도 그곳에서 무릎을
꿇고 기다리자.

'천국 소망으로 살아가는 신앙'
가능하다.
그저 몇몇 선교사가 그렇게 살아가는 것이 아니다.

선교사의 귀한 간증을 듣고 감동하고 은혜를 받고 나서 성도들은 이렇게 말한다.

"어휴, 나는 저렇게는 못 살아."

만인이 제사장으로서 살게 하시려고 예수님은 십자가에 달려 돌아가셨다. 그래서 우리에게는 하나님의 자녀로서 권세만 있는 것이 아니다. 책임도 있다. 제사장의 책임을 지고 헌신해야 한다.

언제까지 어린아이같이 젖만 먹고 살 것인가?
오랫동안 신앙생활을 했다면 딱딱한 음식을 먹어야 한다.
고통에 대응하는 것이 달라야 한다.

나의 아픔 속에 갇히지 말자.

갇히는 순간, 다른 사람의 아픔도 하나님의 음성도 들리지 않는다. 영원한 천국을 소망하자. 우리의 시민권은 하늘에 있다.

하나님만을 믿는 진짜 믿음

뉴욕의 어떤 호텔 스위트룸은 한 달 빌리는 데 우리 돈으로 약 5억이 넘게 드는데, 어떤 부자가 그것과 또 1억 5천 되는 스위트룸까지 두 개를 다 빌렸다는 네이버 기사를 보았다. 그 사람은 한 달 와 있는 데 7억을 쓴 것이다. 세상에서는 그렇게 하면 폼 나게 살겠지만 너무 아까웠다.

아프리카처럼 못 먹고 힘든 데서 한 아이를 키우는 데 한 달에 4만 5천 원이 든다. 4만 5천 원이면 한 아이에게 꿈과 희망을 줄 수 있는데 잠자는 데에 그 큰돈을 쓴다는 것은 거의 죄라는 생각이 들었다.

우리는 많이 벌어서 주를 위해 쓰고 싶다고 말한다. 그러나 왜 많이 벌고 싶은지, 오늘도 내가 추구하고 있는 것이 무엇인지 솔직하게 한번 돌아봐야 한다. 그저 여호와는 나의 목자시니 나 돈 많이 벌어서 부족함 없게 만들어달라는 것은 아닌지.

내가 주례를 많이 하는데, 좋아서 싱글벙글하는 신랑에게 꼭 해주는 말이 있다.

“신랑, 이 얘기 잘 들으세요. 오늘 이 여인을 아내로 맞는다는 의미를 알려줄게요. 당신은 오늘 이 여인을 얻는 동시에 이 땅에 존재하는 모든 여자를 다 포기하는 것입니다.”

　이 세상에서 가장 나쁜 남편은 자기 아내에게도 잘하긴 하는데 이 세상 모든 여자에게 잘하는 남자이다. 하나님을 믿는데 “교회도 좋아, 그런데 세상도 좋아” 하는 사람은 문제가 심각한 것이다.

하나님을 기쁘시게 하고 싶은가? 믿음이 없이는 하나님을 기쁘시게 할 수 없다. 그러면 믿음은 무엇인가? 믿음은 그냥 하나님을 믿는다는 뜻이 아니다. ‘하나님 외에 다른 것은 안 믿는 것’이다.

진짜 믿음은
양답게 목자를 따르는 것이고,
폼 잡지 않는 것이고,
하나님만 믿는 것이고,
세상을 사랑하지 않는 것이다.

하나님을 믿는다는 것은 하나님을 믿고 그 능력을 받아 세상에서 잘되기를 원하는 것이 아니다. 하나님을 믿으면 세상을 믿지 말고, 하나님을 사랑하면 세상을 사랑하지 말고, 하나님을 붙잡으면 세상을 붙잡지 말아야 한다.

영적인 은혜를 받았으면 영적인 가치를 알고, 그 영적 가치를 붙잡았으면 영적이지 않은 다른 어떤 것도 부러워하지 말고 오늘 감사하자. 이 세상을 사랑하지 말고 진실하게 하나님을 사랑하고 영적인 것만 붙잡고 살아가자. 진짜로 하나님을 믿고 의의 길을 걷고 천국으로 향하여 걷자.

하나님의 뜻대로 여호와는 나의 목자이신 것을 인정하고, 여호와께서 인도하시는 대로 내가 부족함이 없다는 것을 인정하게 되는 것은 내 영혼이 소생됨을 경험할 때이다.

내 영혼이 소생되어 나 같은 인생이 천국 소망으로 살게 되었다는 것을 깨달을 때 비로소 하나님 앞에 고백하는 것이다. 오늘도 하나님께서 살아 계셔서 내 삶을 인도하고 계시며, 그분이 나의 목자시니 내게 부족함이 없다고….

미국에서 상품을 사면 그 뒤에 작게 'Satisfaction Gua-ranteed'라는 말이 쓰여있다. 만족을 약속한다는 것이다. 그러나 그 만족은 5불이면 5불에 합당한 만족일 뿐 인생의 만족이 될 수 없다.

이 땅에 소망을 두는 한, 만족은 없다.
하나님을 목자로 붙잡고 따르면 인생의 만족을 맛볼 수 있다.

이제 내 마음대로 안 되는 것에 대해서 속상해하지 말고 오히려 내 마음대로 되는 것에 대해서 '이것이 하나님이 허락하신 것인지'를 고민하자. 우리는 이 세상 사람들과 다르게, 거꾸로 살아야 한다.

십자가의 도가 멸망하는 자들에게는 미련한 것이요 구원을 받는 우리에게는 하나님의 능력이라 **고전 1:18**

죄가 사방에서 날뛰며 강하게 유혹하는 이 마지막 시대에 더욱 강력하게 열망해야 하는 곳은 영원한 하나님의 나라이다.

막막한 시간을 보내고 있다면 문제를 더욱 깊이 바라보지마라. 먼저 하나님의 인자하심과 선하심을 기억하고 그를 예배하라.

그분이 임재하셔서 십자가의 은혜로 다시 한번 세워주시는 은혜를 간구하라. 은혜 없이는 살 수 없다. 은혜가 없으면 죽는다.

어수선하고 분주한 마음을 가다듬고 조용히 하나님을 마주하자. 사람을 찾아서 조언 얻으려 하지 말고 조용한 시간을 갖고 하나님만 붙잡아라.

세상에서 얻지 못하는 평안을 경험하게 된다.
사람에게서 얻지 못하는 답을 깨닫게 된다.

여호와는 나의 목자시니 내게 부족함이 없다. 막막한 문제사이에서도 나를 인도하시는 분은 하나님이시다. 내가 저

지른 문제 속에서도 모든 것을 합력하여 선을 이루는 분이
시다.

죄는 회개해야 한다.
그러나 어떤 죄로도 하나님의 사랑을 끊을 수는 없다.

여호와만 나의 목자이시다.

주님이 어떻게 인도하실지 알 수 없어도

4년 동안 아픔의 시간이었고 회개의 시간이었으며 회복의 시간이었다. 4년 동안 쌓인 비행 마일리지가 알려주듯이 엄청 다녔고, 하나님께서 사용해주셨다.

현장에서 만난 하나님의 사람들은 각자 다른 삶의 모습 속에 그들만의 특별한 하나님의 임재를 담고 있었다. 하나님의 사람은 하나님께서 주신 스토리가 있어야 한다. 다른 사람의 간증이 아니라 하나님과 자신만의 이야기가 있어야 한다.

스케줄에 따라 시간을 촘촘히 나누어 살았던 목회지를 떠나 어떤 시간에 구애받지 않는 부르심에 응하기 시작했다. 오늘과 내일 사이 일어날 일들이 정해지지 않은 상태로 움직이는 것. 처음에는 그것 자체가 쉽지 않았다.

그런데 섭섭할 정도로, 내가 바쁘지 않게 움직여도 세상은 전혀 문제가 되지 않았고 오히려 더 잘되는 듯 보였다.

바쁨이 영성에 치명적인 것을 알게 되었다. 바쁘면 기도 못
한다. 공부 못 한다. 묵상 못 한다. 목사가 기도와 공부,
묵상으로 바빠야 하는데 솔직히 그리 못했다. 스케줄 속
에 헤맸고, 바쁨 속에 깊이보다는 지름길을 택했다.

여호와의 말씀은 능력이 있다. 그 말씀의 능력과 역사를
다시 현장에서 목격하게 하시고 주의 행하심이 강하게 임
재되었다.

　여호와는 나의 목자라고 생각하는 것이 아니라 실제로
임하시는 하나님이 되시면 부족함이 없게 된다. 하나님이
우리를 만드실 때 그리 만드셨다. 세상으로는 만족할 수
가 없다. 세상보다 귀하게 우리를 만드셨다.

약속된 순회선교를 갈 때도, 예정에 없던 곳으로 갑자기
인도하실 때도, 자비량으로 다니며 섬길 때 주님의 강한

손을 느끼며 사역을 이어갔다.

함께 기도해주시는, 가족과 다름없는 기도팀과 섬겨주셨던 많은 손길이 있었다. **허다한 관계가 정리되자 진정한 관계만 남았다.** 감사하려면 끝도 없다. 그래서 불평의 악순환을 끊는 것이 참 중요하다.

세상 안에서 빛으로 사는 자는 누구인가

교회를 사임하고 주일이 되었다. 매 주일 다섯 번씩 설교하던 목사가 갈 곳이 없었다.

예배는 드려야겠는데 어떻게 하나 생각하다 가까운 교회로 가기로 하고, 그 바쁘던 주일 오전 시간을 느긋하게 기다리다 커피 한잔하러 근처 카페에 갔다. 그 카페로 가는 길, 주일 아침이 그리 조용하다는 것을 처음 알았다. 주일이면 새벽같이 출근했으니 알 수가 없었다.

주일 아침, 커피를 한잔하는데 사람이 그리 많지 않았다. 10시가 넘어가자 연인들이, 가족들이 카페로 들어오기 시작하는데 얼굴들이 참 밝았다. 그들의 얼굴을 보며 그들의 대화를 들었다. "오늘 뭐 먹을까? 어디 갈까?" 그런데 그들의 표정이 정말 너무 밝았다.

주일에 교회에서 바라보는 성도들의 얼굴이 이만큼 밝은가? 한 주 동안의 피로를 안고 교회의 여러 사역으로 바쁘게 움직이는 성도들이 생각났다. 카페에서 커피 마시며 쉼을 가지는 사람들보다 얼굴이 밝지 않을 수도 있겠구나… 처음 드는 생각이었다. 그리고 충격이었다.

세상 안에 살지만 주의 사람으로 사는 것…. 빛으로 살아가는 주의 사람은 누구일까? 누가 이 어두움을 밝혀줄 것인가? 복음의 힘은 진정 사람을 변화시킬 수 있는데 우리 삶의 변화는 어디에 있는 것인가? 계속 고민했다.

세상 사람들이 불행할 것이라 생각하지는 않았지만 이렇게 편안한 줄은 몰랐다. 물론 이 세상의 편안함이 영원한 문제를 해결할 수는 없지만, 영원한 문제가 해결된 우리가 이들보다 빛나야 하는 것은 당연하다.

믿음은 무엇인가?
교회가 무엇일까?

교회에 대한 묵상을 시작했다.
4년 동안 선교현장에서 목격한 '역사하시는 하나님의 임재'를 교회의 현장에서 목격해야 한다.

어떠한 사역이나 헌신이 하나님께 드려지는 예배보다 우선이 되어서는 안 된다. 많은 성도가 많은 사역을 감당하고 헌신한다. 그리고 예배가 점점 뒤로 처지기 시작한다. 신앙의 방황은 임재 없고 갈망 없는 예배자의 삶에서 시작된다.

하나님께서 주인 되시는 삶이 교회 공동체 안에서 시너지가 되어 폭발적인 능력으로 세상에 나타나야 한다. 주님과 동행함이 폭발적인 임재로 저항할 수 없는 능력으로 이 땅에 등장해야 한다.

세상의 가치관으로 주의 이름을 부르는 신앙으로는 어림도 없다. 사역으로 이리 치이고 저리 치여 제대로 된 예배를 드리지 못하면 불가능하다. 예배를 향한 뜨거운 갈망이 하나님의 놀라운 임재로 덮일 때 세상 안에 빛으로 살 수 있다.

교회는 사람이 주인 될 수 없다.
경영은 목양이 아니다.
말씀이 존재하는 신앙생활을 하고 있는가?

누가 당신의 목자인가?

예수가 주인이신가?

하나님은 소생시키시는 분이다. 살려 일으키시고, 새로운 호흡을 허락하신다. 자신의 힘을 빼고 소생시키시는 하나님의 힘으로 살아야 한다.

본질에 집중하는 예배공동체를 향하여

교회를 구체적으로 준비하게 하셨다.

4년의 시간이 흐르고 가족처럼 지내는 아우들과 기도하기 시작했다. 그럼 교회 공동체를 시작해보자, 준비하며 기도하며 고민했다.

작은 공동체를 여러 곳에 하자.
그 공동체마다 담임 사역자를 세우고 독립된 사역을 하되
선교와 긍휼 사역은 힘을 모으자.

예배에 목숨을 걸고 주일예배를 준비하기 시작했다.
서울의 소비코(Sovico)라는 음향회사에서 예배를 드리려
고 생각하고 있을 때 미국에서 오래전에 뵈었던 목사님에
게서 연락이 왔다. 부산에 계신 그 목사님과 대구에서 무려
세 번을 만났다. 목사님은 부산 해운대고등학교를 사용하
라, 교회를 세우라 하셨다. 나는 은퇴했으니 네가 해보라
고 강권하셨다.

생각지 못한 부산.
돌아갈 수 있을까?

유럽으로 순회 사역을 갔다. 짬이 날 때마다 루터의 발자취를 따라 가보았다. 그리고 확신을 갖고 돌아왔다.

라이트하우스 무브먼트, 교회 개척 운동을 하자.
예배에 목숨 걸고,
비본질에 에너지를 낭비하지 않고,
건물을 소유하지 않는 교회를 하자.
예수 그리스도만 주인 되시는 교회가 되기 위해
담임목회자 신임을 묻고 재정을 교회 밖으로 보내자.

라이트하우스는 현재 서울 방배, 부산 해운대, 그리고 미국 댈러스에서 2019년 5월 창립 후 열심히 모이고 있다.

앞으로 하나님께서 또 어떻게 인도하실지 알 수 없다.
고통과 어려움은 매일 새롭게 다가온다.

하지만

괜찮다.

여호와는 나의 목자시니 내게 부족함이 없으리로다.

진짜로…

정말로…

오늘 이 시간 나의 고백이니까.

믿음의 길 위에서

홍민기

더 이상 내려갈 곳이 없었다

초판 1쇄 발행 2019년 12월 19일
초판 9쇄 발행 2024년 2월 16일

지은이 홍민기

펴낸이 여진구
책임편집 최현수
편집 이영주 박소영 안수경 김도연 김아진 정아혜
책임디자인 마영애 조은혜 | 노지현 이하은
홍보 · 외서 진효지
마케팅 김상순 강성민   **마케팅지원** 최영배 정나영
제작 조영석 허병용   **경영지원** 김혜경 김경희

303비전성경암송학교 유니게 과정
이슬비전도학교 / 303비전성경암송학교 / 303비전꿈나무장학회

펴낸곳 규장

주소 06770 서울시 서초구 매헌로 16길 20(양재2동) 규장선교센터
전화 02)578-0003 **팩스** 02)578-7332
이메일 kyujang0691@gmail.com   **홈페이지** www.kyujang.com
페이스북 facebook.com/kyujangbook   **인스타그램** instagram.com/kyujang_com
카카오스토리 story.kakao.com/kyujangbook
등록일 1978.8.14. 제1-22

책값 뒤표지에 있습니다.
ISBN 979-11-6504-036-9 03230

규 | 장 | 수 | 칙

1. 기도로 기획하고 기도로 제작한다.
2. 오직 그리스도의 성품을 사모하는 독자가 원하고 필요로 하는 책만을 출판한다.
3. 한 활자 한 문장에 온 정성을 쏟는다.
4. 성실과 정확을 생명으로 삼고 일한다.
5. 긍정적이며 적극적인 신앙과 신행일치에의 안내자의 사명을 다한다.
6. 충고와 조언을 항상 감사로 경청한다.
7. 지상목표는 문서선교에 있다.

하나님을 사랑하는 자 곧 그의 뜻대로 부르심을 입은 자들에게는 모든 것이 合力하여 善을 이루느니라(롬 8:28)

규장은 문서를 통해 복음전파와 신앙교육에 주력하는 국제적 출판사들의
협의체인 복음주의출판협회(E.C.P.A:Evangelical Christian Publishers
Association)의 출판정신에 동참하는 회원(Associate Member)입니다.